本书系烟台市社科规划课题"智慧图书馆背景下高校图书馆阅读推广转型研究——以鲁东大学图书馆为例"研究成果。课题编号：YTSK-2023-034

图书馆服务研究

赵银女 著

中国戏剧出版社
CHINA THEATRE PRESS

图书在版编目（CIP）数据

智慧图书馆服务研究 / 赵银女著 . -- 北京：中国戏剧出版社，2023.7
ISBN 978-7-104-05385-9

Ⅰ.①智… Ⅱ.①赵… Ⅲ.①数字图书馆—图书馆服务—研究 Ⅳ.① G250.76

中国国家版本馆 CIP 数据核字（2023）第 143258 号

智慧图书馆服务研究

责任编辑：高　峰
项目统筹：周忠建
责任印制：冯志强

出版发行：	中国戏剧出版社
出 版 人：	樊国宾
社　　址：	北京市西城区天宁寺前街 2 号国家音乐产业基地 L 座
邮　　编：	100055
网　　址：	www.theatrebook.cn
电　　话：	010-63385980（总编室）　010-63381560（发行部）
传　　真：	010-63381560

读者服务：010-63381560
邮购地址：北京市西城区天宁寺前街 2 号国家音乐产业基地 L 座

印　　刷：	天津和萱印刷有限公司
开　　本：	787mm×1092mm　1/16
印　　张：	11.75
字　　数：	210 千字
版　　次：	2023 年 7 月　北京第 1 版第 1 次印刷
书　　号：	ISBN 978-7-104-05385-9
定　　价：	72.00 元

版权专有，违者必究；如有质量问题，请与出版社联系调换。

前　言

图书馆是人类知识的存储中心,是每个人终身学习的最佳场所,也是大学教学科研活动的重要保障。图书馆是人类文明的标志之一,作为重要的公共文化服务机构,其承担着传递科学情报和提供信息资源的责任。从历史发展的角度来看,图书馆从最初重在藏书的传统图书馆阶段,经过自动化图书馆、复合型图书馆、数字图书馆发展阶段,目前已经进入了智慧图书馆阶段。智慧图书馆随着智慧城市概念及其理念的推广而逐渐深入人心,成为图书馆领域研究热点。智慧图书馆在图书馆发展史上具有革命性的意义,改变了图书馆的建设方式、服务理念和服务领域。时至今日,业内对智慧图书馆的概念及技术都进行了深入研究,获得了骄人业绩,这对促进智慧图书馆的建设和发展具有重要的意义。

将智慧性研究发展到图书馆领域,是一项重要的创新。智慧图书馆是在网络图书馆、虚拟图书馆和数字图书馆的基础上发展而来的,它具有便利性、互联性、高效性等特点,是新技术与图书馆发展的密切融合。智慧图书馆的五个核心要素包括馆员、资源、服务、技术和建筑,它们一起发挥作用,共同诠释智慧图书馆的概念、性质、特点和功能。

本书所研究的问题是关于智慧图书馆服务的相关问题,要实现智慧图书馆的智慧化服务,需要积累大量的有效数据。智慧化从哪里开始,从哪里改进,应当通过数据的分析来确定,而不应依赖于人的直觉。在现有的环境下尽可能地获取读者数据,把各种读者数据综合在一起进行数据发现和挖掘。通过挖掘来发现读者、馆员、图书馆等各方面的需求,从而构建出一个智慧图书馆的模型。以图书分拣为例,要实现分拣机的智能化,必须寻找合适的分拣策略。通过对日常流通数据的分析与挖掘,不断优化分拣策略,使得图书分拣更加精确、高效及智能。

另外,智慧图书馆需要用户的实践检验,所有的技术手段,无论有多先进、多智能,都需要经过实践的验证。一项新的智能服务技术在图书馆应用后,如果可以提升图书馆的服务效率，获得读者的认同和满意，那么整体来说这种技术就符合智慧图书馆的发展需求。相反，如果仅仅是单纯的技术方面的变革，经过实践不能得到用户的认可，达不到预期目标，甚至给图书馆相关工作及读者体验带来负面效应，那么这种技术就需要进行改进，至少在服务模式、体验手段等方面需要调整、转换思路，以求更符合读者的思维方式和行为需求。这样智慧化服务才会更深入，智慧图书馆服务范围才会更广阔。

在当前社会和行业服务中，智慧化趋势越来越明显，通过多样化的方式让用户在任何地方都能获得满意的服务已经成为一个组织出奇制胜的关键。智慧图书馆通过引入物联网等新技术，将图书馆打造成虚实结合的智慧感知空间，实现了馆与馆、人与人、人与书、书与书之间的关联，这使得图书馆服务在空间上得到了极大的拓展。用户在哪里，图书馆就在哪里。智慧图书馆三位一体的空间布局突破时间和地点的限制，使得各要素之间的协作运行不再受时间和环境等因素的限制，通过"到馆""到身边""到桌面"和"到终端"等全方位、立体式的服务布局为用户提供服务，从而让用户在任何场所、任何时间都能够对图书馆服务触手可及。同时，这是目前智慧化图书馆最重要的任务。

在撰写本书的过程中，笔者得到了许多专家学者的帮助和指导，参考了大量的学术文献，在此表示真诚的感谢！由于笔者水平有限，加之时间仓促，因此本书难免存在一些疏漏之处，在此，恳请同行专家和读者朋友批评指正！

赵银女

2023 年 5 月

目　录

前　言 1

第一章　智慧图书馆概述 1
　　第一节　智慧图书馆的概念与特征 2
　　第二节　智慧图书馆的构成要素 7
　　第三节　智慧图书馆的功能 9

第二章　智慧图书馆服务相关理论 13
　　第一节　智慧图书馆服务的理念 14
　　第二节　智慧图书馆服务的技术 31
　　第三节　智慧图书馆服务的内容 48

第三章　高校智慧图书馆服务研究 73
　　第一节　高校智慧图书馆的服务类型 74
　　第二节　高校智慧图书馆的服务模式 84
　　第三节　高校智慧图书馆服务的现状、问题与创新 95

第四章　公共智慧图书馆服务研究 109
　　第一节　公共智慧图书馆的读者类型与服务模式 110
　　第二节　公共智慧图书馆的服务系统基本构成 112
　　第三节　公共智慧图书馆服务的现状、成效与应对 .. 116

第五章 智慧图书馆服务的建设与实例·· 135
　　第一节 智慧图书馆服务建设··· 136
　　第二节 智慧图书馆服务实例··· 168

参考文献·· 177

第一章
智慧图书馆概述

随着科技的不断发展，智慧图书馆逐渐成为图书馆发展的主要趋势。本章主要从智慧图书馆的概念与特征、智慧图书馆的构成要素及智慧图书馆的功能三个方面叙述了智慧图书馆的相关内容。

第一节　智慧图书馆的概念与特征

一、智慧图书馆的概念

智慧图书馆的理论与实践起源于国外。最先将智慧图书馆应用到实践中的是一个名为"Smart Library"的图书馆联盟，其于2001年前后在加拿大渥太华建立。2001年10月，全球第一个智慧图书馆网络诞生，由澳大利亚昆士兰州立图书馆创建，旨在通过智慧图书馆的建设将物理与虚拟空间结合起来。2002年，新加坡图书馆成为全球首个使用无线射频识别（简称RFID）技术的图书馆。2004年，北美地区就有超过130家图书馆使用RFID技术。可见智慧图书馆在国外的发展速度非常快，已经得到了人们广泛的关注。

智慧图书馆的理论研究与实践相比稍显滞后。智慧图书馆的概念最早由芬兰奥卢大学图书馆的艾托拉（Aittola）在其论文《智慧图书馆：基于位置感知的移动图书馆服务》中提出。智慧图书馆是借助新技术，如RFID技术、计算机网络技术和人工智能技术等，将传统的图书馆服务智慧化，从而使传统的图书馆服务成为不受时空限制、容易被感知的移动图书馆服务。2004年，拥有技术背景的麦克·米勒公司（Mark C. Miller）将软件质量工程和科学计算等技术应用到图书馆中，从而降低了读者与图书馆出错的概率，提升了他们的辨别及纠错能力。2004—2008年，国外关于智慧图书馆的理论探讨并不多，直到国际商业机器公司（简称IBM）于2008年11月发表了有关"智慧地球"的演讲，人们才开始广泛关注"智慧"这个概念。

随着人们对智慧地球建设的重视，"智慧"一词已经深入各个领域，比如智慧城市建设等。智慧城市又涵盖了智慧医疗、智慧交通、智慧社区等方方面面。智慧图书馆不仅是智慧城市建设的重要组成部分，也是技术驱动发展的必然结果，其建设已经得到了社会各界的普遍认可与支持。

关于智慧图书馆的概念，目前国内学者还没有一个统一的定义，他们分别从各自的研究出发，给出了不同的定义。例如，从智能建筑的角度：智慧图书馆是把智能技术运用在图书馆建设之中形成的一种现代化建筑，是智能建筑与高度自动化管理的数字图书馆的有机结合和创新①。从感知计算的角度："智慧图书馆＝图书馆＋物联网＋云计算＋智慧化设备"，通过物联网来实现智慧化的服务和管理②。

严栋是国内较早给智慧图书馆下定义的学者，他认为智慧图书馆就是以一种更智慧的方法，通过利用新一代信息技术来改变用户和图书馆系统信息资源相互交互的方式，以便提高交互的明确性、灵活性和响应速度，从而实现智慧化服务和管理的图书馆模式③。

王世伟认为智慧图书馆是以数字化、网络化、智能化的信息技术为基础，以互联、高效、便利为主要特征，以绿色发展和数字惠民为本质追求，是现代图书馆科学发展的理念与实践④。

韩丽认为智慧图书馆是指通过物联网等智能感知技术，为用户提供智慧化服务和管理的一种数字图书馆的高级发展形态⑤。它是数字图书馆发展到一定阶段的产物，是物联网技术在数字图书馆广泛应用的集中体现，也是数字图书馆发展的最终目标。它具有传统数字图书馆的功能，又具有鲜明的智能化特征。在智慧图书馆的智能空间中，计算与信息将融入人们的生活空间，从根本上改变人们对图书馆的认识。在任何时间、任何场所，人们都能像呼吸一样自如地访问图书馆，并获得智慧化服务。智慧图书馆将主动地服务于用户，以实现用户之间、用户与图书馆之间、用户与信息资源之间及信息资源之间的通信，实现真正意义上的"无人值守"的智慧化服务和管理，实现7×24小时的泛在化服务。

马然对智慧图书馆的定义为：智慧图书馆是利用物联网技术将图书馆建筑、设备、文献资源、用户等各个元素相连接构成图书馆物联网，借此实时主动地获取相关感知数据，并在对感知数据进行分析和处理的基础上，为图书馆工作人员提供一个智慧化的管理平台，为用户提供一个无处不在的智慧化服务环境⑥。无论怎样完善智慧图书馆的概念，都离不开两个本质：一是以

---

① 陈鸿鹄：《智能图书馆设计思想及结构初探》，《现代情报》2006年第1期，第116—118页。

② 严栋：《基于物联网的智慧图书馆》，《图书馆学刊》2010年第7期，第8—10页。

③ 同上。

④ 王世伟：《论智慧图书馆的三大特点》，《中国图书馆学报》2012年第11期，第22—28页。

⑤ 韩丽：《物联网环境下智慧图书馆的特点、发展现状及前景展望》，《现代情报》2012年第5期，第48—50、54页。

⑥ 马然：《馆员驾驭智慧图书馆的研究》，《情报探索》2012年第9期，第109—111页。

物联网为基础，二是管理与服务的智慧化。随着物联网技术在图书馆应用的深入、扩展以及技术本身的不断成长，智慧图书馆也必然在不断成长。而以物联网为基础的智慧图书馆则是一个建筑智慧化、资源智慧化、管理智慧化、通信智慧化的结合体，其"智慧"总是以人为本、为服务而生的。

这些定义在一定程度上丰富和完善了智慧图书馆的理论基础，但它们大部分集中在智能技术、智慧服务及智能建筑领域，具有一定的局限性。本书认为，智慧图书馆是以高质量的信息资源为核心，通过高素质馆员的支撑与用户的协同感知，借助高科技手段和智慧化建筑，实现对数字图书馆和个性化的信息、知识服务的提升和推动，它是数字图书馆发展的更高级阶段，是集资源、技术、人才、服务、建筑于一体的智慧化集合体。

二、智慧图书馆的特征

智慧图书馆是全方位、开放式的图书馆，综合性的学术资源信息服务中心，配套齐全的活动中心，高效、便捷、节能的智慧中心。智慧图书馆的特征有多种，比如，有的学者认为它具备三个主要特征：一是沟通智慧化，智慧图书馆不仅可以利用现有的互联网开展文献信息服务，还可以利用物联网技术实现更大范围的信息资源共享。二是建筑智慧化，指对图书馆内的各种机器、设备进行智慧化程序控制与综合管理，进而形成一个智慧化建筑物系统，比如智慧系统能根据监测出的空气中有害污染物的含量，开启自动通风和消毒，确保馆内人员的安全和健康，还能对温度、湿度、照明度加以智慧调节，控制背景噪声等，从而为读者提供一个舒适的环境；同时，智慧系统使图书馆内各种机器、设备的运行、保养、维护更加智慧化，优化了人力和物质资源的配置，达到了降低成本、节能减排的目的。三是服务智慧化，在智慧图书馆中，物联网把各项独立的待处理事务通过信息交换和资源共享联系起来，构建了一个具有处理、管理和决策功能的服务智慧系统。馆员利用该系统，以科学、全新、高速的方式学习和接受各种知识技能，提高了对各种信息的分析、比较、提炼的能力，从而实现了服务智慧化。还有的学者认为智慧图书馆的特征包括互联、高效和便利，还包括数字化、网络化和集群化。其中互联强调智慧图书馆能够实现人与人、人与物之间的感知、联系和协同；高效是指智慧图书馆能够提升管理效率、服务效率等；便利是指智慧图书馆能使信息触手可及、服务个性化等；数字化是智慧图书馆建设的技术保障、技术前提；网络化是指智慧图书馆必须依赖互联网才能做到信息互通，是信息互通的基础；集群化是指对与图书馆相关的建筑、人、服务等全部要素进行集成化、系统化管理。这些内在与外在的特征，互相联系、不可分割。

关于智慧图书馆的特征，我国还有不少其他学者对其进行了论述，通过对其进行总结，我们可以得出智慧图书馆的以下特征。

（一）服务智慧化

笔者认为，服务智慧化是智慧图书馆最重要的特征，因为服务智慧化是智慧图书馆建设的出发点与落脚点。如果不能实现服务智慧化，那么智慧图书馆建设将没有任何意义。图书馆的一切建设均应体现"以人为本，读者利益至上"这一原则。这是图书馆的服务导向所决定的，也是图书馆的使命与职责所决定的。因此，服务智慧化是智慧图书馆必须具备的特征。图书馆服务智慧化的程度是智慧图书馆建设成效最主要的考核指标，不能体现出服务智慧化的智慧图书馆肯定是失败的。

图书馆的服务智慧化，又可以通过一些具体特征来表现，如高效、便捷、协同创新等。

高效是指图书馆通过新技术能更快地响应读者的需求，进而缩短读者从提出需求到收到图书馆准确回应的时间差。这里的服务高效化不仅指读者获取信息与服务的速度得到大幅度提升，还指读者需求得到正确回应的概率有所提高。由于技术的限制，在传统的图书馆服务中，馆员与机器或多或少会对读者的信息理解不到位，造成提供给读者的结果并不是读者想要的。但在智慧图书馆建设中，通过大数据分析、读者用户画像分析等，结合读者的搜索习惯、阅读习惯，馆员与机器能为读者提供匹配度更高的结果。

便捷包含两层含义：一是指读者能通过智能设备、互联网等技术便捷地获取信息及体验图书借阅等服务；二是指馆员能便捷地与读者进行沟通，了解馆内设备的运营情况和藏书分布情况等，从而远程管控图书馆的各项设备与服务。

协同创新是指智慧图书馆能够提供传统图书馆所不能提供的服务，进而提升整个图书馆的服务水平，实现服务创新。这种协同创新主要体现在以下三个方面：一是单纯依靠技术提供以往不能提供的服务，实现技术上的创新；二是馆员依靠新技术提升个人信息素养、专业素养，从而为读者提供创新性服务，实现服务上的创新；三是通过智慧图书馆平台，馆员与读者协同合作，实现管理、科研与教学等方面的创新。

（二）管理智慧化

智慧图书馆建设在很大程度上将馆员从低技术含量、高重复性的服务中解脱出来，所以有不少人认为随着技术的发展，图书馆没有存在的必要。原因如下：一是由于互联网的便利性，读者不用去图书馆就可以获取信息；二是由于技术的快速发展，馆员没有必要存在于图书馆中，比如国内外出现了许多无人超市，也有不少无人图书馆。实际上，随着技术的发展，智慧图书馆不需要人是一种错误的观点。虽然许多智能设备能替代人的服务，但这些设备不具有智慧性，更不可能离开人而提供创新性服务。因此，随着智慧图书馆的建设，馆员的角色将发生改变，低技术含量、高重复性的服务可交由智能设备来完成，但创新性服务是馆员存在的价值所在。随着技术的发展，馆员也要提升自我修养和专业素养，紧跟时代发展潮流，运用最新的技术对读者进行大数据分析，从而为读者提供主动的个性化服务，实现智慧化管理。智慧图书馆在很大程度上促使图书馆的服务水平得以提升，只有将最新技术与高质量管理相结合，才能真正最大化地体现图书馆服务的智慧化特征。

（三）感知智慧化

感知智慧化的特征相对而言比较容易理解，主要是对整个环境的感知。由于智慧图书馆比数字图书馆多了一个感知层，所以其能通过各种智能终端抓取信息，从而实现监控与服务的对接。智慧图书馆所体现的感知智慧化主要包括以下两个方面：一是整个图书馆各种设备的智能监控能实时了解其运行状态；二是能为读者提供各种场景的智慧化服务。比如门禁的人脸识别系统能够让读者不用刷卡即可进入图书馆借阅图书；依据读者用户画像进行个性化信息推送；依据地理位置系统和物联网系统帮助读者快速地找到图书；通过智能机器人进行业务咨询、位置导引等服务；通过3D打印机等各种智能设备来创新空间服务；通过热感应系统进行读者人流引导；根据读者位置为其提供不同的信息指引；根据读者人数进行在馆人数统计与控制等。

（四）沟通智慧化

一般图书馆与读者进行沟通的方式有通过聊天软件、邮箱、笔记本留言和网络留言本等进行沟通。除了聊天软件这类即时通讯工具，其他沟通方式的信息反馈相对比较滞后，不能及时解决读者问题。但是聊天软件这类即时通讯工具仅能通过文字、图片等形式进行沟通，较难真正解决读者的问题。而智慧图书馆建设下的沟通依赖物联网等多种新技术，在与读者沟通时能够快速直接掌握读者的其他信息，如读者所在位置、最近有过的行为，从而以最快速度了解读者的问题，并给予解决。因此，智慧图书馆沟通智慧化体现在以下三个方面：一是沟通更为流畅、直接，可通过多个平台进行；二是能掌握读者的其他信息，从而更全面地了解问题和解决问题；三是能通过系统远程指导读者解决问题。

第二节　智慧图书馆的构成要素

一、资源

资源是图书馆最基础的构成要素。图书馆藏有大量的优秀历史文化资源，发挥着传承人类历史文化的作用。不同形态的图书馆，其资源存在形态表现不一。在智慧图书馆中，传统的纸质资源以数字化的形式呈现，通过云计算、大数据、数字人文、移动通信、互联网等技术的支持对数字资源进行存储及深度加工，并匹配读者需求，从而快速地为读者提供个性化资源。

二、技术

技术是智慧图书馆建设的前提，也是其必不可少的构成要素。计算机的出现推动了数字图书馆的出现与发展。技术推动着图书馆从传统图书馆向数字、复合、智能、融合图书馆发展，现在处于智能图书馆和融合图书馆之间的智慧图书馆阶段。智慧图书馆建设是时代发展的必然结果。科学技术是第一生产力，改变了人类的发展进程，使人类进入了智慧地球、智慧城市的建设阶段。当前使用较多的先进技术有智能感知技术、大数据挖掘技术、云计算和泛在智能技术等。技术是传统纸质藏书管理系统中所不具备的因素，由于技术的出现，数字图书馆等各种形态的图书馆才具有了明显的技术特征。

三、服务

服务是图书馆最基本的构成要素。无论图书馆以什么形态存在，都必须提供服务。我国图书馆学专家柯平认为，我国图书馆服务经历了文献服务、信息服务和知识服务的发展阶段，分别依赖文献资源、技术工具和人的智慧进行服务。在传统图书馆中，以资源为主，馆藏数量与质量决定了服务水平；在信息服务阶段，图书馆主要依赖各种技术将纸质资源数字化，并提供各种形式的服务；在智慧图书馆建设中，馆员的智慧显得尤为重要，更重视馆员的专业素养和其所提供的智慧性的知识服务。智慧图书馆中的知识服务更多是一种知识增值服务，可将多源数据进行异构处理，再以读者能够理解的形式呈现出来，从而达到快速响应和服务精准、个性化等效果。

四、馆员

馆员是智慧图书馆建设中最核心的构成要素。离开了馆员，技术再先进也无法体现智慧性。在初期的智慧图书馆概念中，馆员这一要素未被纳入其中，而随着智慧图书馆研究的深入，馆员发挥着越来越重要的作用，其不可或缺性日益凸显。在许多人的印象中，馆员的工作就是借书、还书、整理图书上架、咨询等基础性业务，许多人甚至认为馆员会被技术所取代。笔者认为以上的这些服务，随着技术的进步，技术能取而代之，甚至比馆员做得更好，但这并不意味着馆员在智慧图书馆中毫无价值，相反，在智慧图书馆建设中馆员更能发挥其特有的价值，使他们的服务实现从低层次向高层次的转变。在智慧图书馆建设中，馆员要掌握最新的技术、最前沿的理论，要具有活跃的创新精神，要充分发挥沟通协调的作用。随着技术的发展，智慧图书馆对馆员的要求也越来越高。比如馆员要更加积极主动地了解读者需求，将服务由被动转向主动；从读者的多元需求出发，通过过硬的技术和专业知识，进行知识挖掘和加工集成工作，然后以读者期望的形式进行个性化呈现。以往的图书馆通常提供规模化、批量化、标准化服务，而智慧图书馆将以个性化服务为主。

五、读者

读者是智慧图书馆建设的出发点与落脚点，是智慧图书馆不断发展的动力源泉。资源只有得到有效利用，才能充分发挥其价值。而读者便是资源利用的主体,许多图书馆将读者到馆数量、图书借阅数量、活动参与人数、电子资源下载量等作为重要的评估指标。读者是智慧图书馆建设的重要构成要素,一切有关智慧图书馆的建设都是围绕更好地为读者服务而展开的。在传统图书馆中,阅览图书、借阅图书的用户被称为读者。随着数字图书馆、智慧图书馆的发展,人们对数字资源的需求越来越大,读者这一范畴扩大到使用图书馆及其资源的用户,即图书馆的服务对象均可被称为读者。读者既是智慧图书馆的服务对象,也是智慧图书馆建设与发展的参与者。

第三节 智慧图书馆的功能

智慧图书馆的功能,主要分为几个方面,一是智慧管理功能,智慧图书馆能提供一种全新的智慧化的管理模式;二是智慧服务功能,智慧图书馆的服务模式是智能化、泛在化和个性化的;三是空间智慧化,智慧化的馆舍为空间智慧图书馆提供必要的物理承载。

一、智慧管理功能

智慧图书馆的智慧管理功能主要是通过物联网实现的,智慧管理又分为对人的管理、对图书的管理、对资产的管理等方面。

(一)对人的管理

对人的管理包括对图书馆馆员的管理和对用户的管理,对人的管理主要是通过身份识别技术来管理。例如,图书馆馆员和用户均需要办理一张存有个人信息的一卡通卡片(卡片也可以内置到手机中)。此卡集多种功能于一体,如用于图书馆图书借阅及占座、校园消费、教学楼和宿舍门禁系统等。图书馆在门禁处安装感应器或接收器,此装置与校园卡管理系统和图书馆管理系统相连接,馆员或用户需携带一卡通卡片靠近门禁处,接收器就会自动识别并开启门禁,同时系统会记录人员信息情况,并将数据传送到图书馆管理系统中,图书馆管理系统可以自动生成进出馆人员信息报表,并统计出各类人员每天进出馆的次数和具体时间。由于图书馆中装有足够数量的接收器,因此馆员可以很方便地在系统中查询各类人员进出馆情况和在馆中的流动情况。此系统非常便于对图书馆人员的管理,并积累详细数据以供图书馆管理层和馆员使用。

（二）对图书的管理

对图书的智慧管理主要依靠植入芯片技术和RFID来实现。例如，以往图书都是依据图书馆分类法，依靠人工来进行分类排架、查找等管理工作的，由于高校师生人数较多，用户借阅图书量大，所以图书馆馆员每天或以很低的频次对书架进行整理，这对他们来说是一项工作量比较大的工作，同时也使得图书流通率降低。而依靠芯片技术和RFID技术，图书馆馆员可以将来自不同出版社的图书的基本信息植入芯片中，通过此芯片可以进行智能化管理。同时此项技术可以带来很大便利，主要体现在以下五个方面。一是植入芯片可以省去繁杂的图书信息编辑工作；二是清点图书也变得非常简单，只需要用扫描设备在书架上依次扫过，所有书目信息便一目了然，通过此项技术，以往需要相当长时间的清点工作现在只需很短时间就能完成；三是方便用户查找所需书籍，以往用户借阅图书需要先查该书的索书号，再到相应的书架找书，而现在利用RFID技术，用户可以手持扫描设备很快找到所需的图书；四是图书馆馆员和用户可以便捷地查询相关书籍的基础信息、馆藏书目数据、借阅数据以及图书当前所在书架的具体位置；五是方便馆员顺架和将图书归位，开放式借阅使得图书的顺序比较混乱，馆员须定期对书架进行整理，在智慧图书馆中只需在阅读器中输入要检查的号码段或要找的书名等，然后沿着书架依次扫描，一旦发现排架错误或找到所要的书刊时，阅读器立刻声光报警，这使得查找工作变得非常方便，而且能显著降低错架率、乱架率，在不影响正常工作的情况下，完成顺架工作，减少失误，大大提高书刊整架、归位的速度。

（三）对资产的管理

图书馆资产多、门类杂，管理难度大，以前图书馆资产流失的情况偶有发生。如果将图书馆资产全部植入芯片，并在门禁处设置电子识别器，依靠管理系统，可以防止图书馆资产的流失，如果再加上网络视频监控系统，图书馆就可以有效管控国有资产，防止图书馆的固定资产和图书的流失。

二、智慧服务功能

智慧图书馆的智慧服务又分为一般性服务和深度服务。一般性服务是指图书馆的基础服务，如借还书服务、空间服务（教师和学生利用图书馆空间来学习和研讨）等；深度服务是指图书馆馆员利用所学的专业知识，结合用户的需求为用户提供的更深层次服务，一般包括知识服务、高级参考咨询服务和情报服务等。在此仅探讨智慧图书馆的一般性服务功能。

（一）借还书服务

传统的图书借还服务主要依靠人工来完成，即读者到借阅部门借书或还书。通过智慧图书馆，读者可以实现自助借还图书。例如，通过自助借还系统，读者将自己的借书证和借阅的图书放在自助借还机相应的感应区上，系统就会自动进行识别和扫描处理，然后与图书馆自动化借阅系统连接，确认后即完成借书。与借书流程一样，读者也可自助还书，操作完成后打印还书凭条，系统自动获取馆藏信息，通知中心系统更新图书信息及读者信息。采用自助借还机可以实现多本图书同时进行借还操作的功能，而且实现24小时不间断服务，从而提高图书流通率，简化借阅流程，方便了读者借阅，减少了工作人员的工作量，进而提升图书馆的工作效率和服务品质。

（二）空间服务

空间服务主要集中于图书馆的阅览室和部分图书馆设有的自习室，对于图书馆空间的管理主要依靠引入智能占座系统来实现。例如，某智能占座系统的操作过程：读者只要将智能卡放在刷卡区，屏幕上便会跳出"常坐座位"和"本次选位"两个选项。选好座位后，如果需要打印，机器便打印出一张标明座位代码、所在位置、学生卡卡号等的座位票。学生离馆时，再重新刷卡，如果选择"暂离"，系统会保留座位45分钟（可设定）；如果选"本次离开"，系统将自动"释放"该座位。随着5G网络的发展，图书馆占座系统也可以实现手机操作，用户利用手机可以实现在终端机上的所有操作，足不出户便可以实现选座功能，同时，此系统还可以自行设置规则，防止出现漏洞或其他不符合规范的行为，该系统在方便了图书馆管理的同时又最大限度地便利了用户使用图书馆空间。

三、空间智慧化

空间智慧化就是图书馆利用技术手段和设备来管理空间，以达到空间最优效果。智慧图书馆的空间智慧化核心是智能楼宇系统在智慧图书馆中的应用，主要体现在以下七个方面：一是通过网络视频监控，实现对图书馆空间的智慧管理；二是通过声光电和温度湿度控制系统，设置相应的传感器、行程开关、光电控制等，对设备的工作状态进行检测，并通过线路返回控制机房的中心计算机，由计算机得出分析结果，实现对图书馆的声光电和温度湿度的监测和调控；三是图书馆大门也可以实现自动定时开关；四是利用综合布线系统提供整个馆舍内无死角的网络覆盖；五是智能广播系统用于播放背景音乐、通知和应急广播，告示系统用于视频信息发布，在门厅、大堂、电梯间等地配置告示屏，播放宣传材料、广告和公告信息等；六是智慧化消防，它具备火灾初期自动报警功能，并在消防中心的报警器上附设了直接连接消防部门的电话、自动灭火控制柜、火警广播系统等，可有效防止火灾发生；七是智能身份识别系统，该系统主要依靠一卡通系统来实现。

第二章
智慧图书馆服务相关理论

本章主要从智慧图书馆服务的理念、智慧图书馆服务的技术及智慧图书馆服务的内容三个方面介绍了智慧图书馆服务相关理论。

第一节 智慧图书馆服务的理念

服务理念是决定服务成效的关键因素,是服务人员遵照服务对象的意愿和要求,为满足服务对象需要而提供满意活动的过程。它既关系到服务人员的做事风格、态度及行为等主观因素,也关系到服务对象的期望值、满意度和忠诚度等客观因素。智慧服务理念是加入了人文智慧的有意识服务,即用心、用情和用智服务,使服务更有深度和温度,更贴近实际和深入人心,更能提升服务效率。智慧图书馆中的智慧服务理念遵循"5A"理论,即任何用户(any user)在任何时候(any time)、任何地点(any where),均可以获取任何图书馆(any library)拥有的任何信息资源(any information resource)[①],该理念既与用户需求息息相关,又与图书馆追求目标相一致,是实现智慧图书馆智慧服务的根本宗旨。

一、以用户为中心

虽然"以用户为中心"一直是图书馆所倡导的服务理念,然而在现实服务中图书馆很难摆脱以"资源为中心"的桎梏,这和图书馆以纸质文献为主要载体有关。而智慧图书馆主要是以数字资源和信息资源为载体,更多是数字阅读、移动阅读和网络阅读服务,使图书馆"以用户为中心"变得更实际,通过对用户年龄、性别、习惯、偏好、行为等大数据进行统计和分析,在用户体验感知、需求变化上下功夫,围绕用户共性和个性特征,采取相应的服务手段,为用户打造一个便捷、高效、安全的智慧服务环境。

(一)注重情景感知服务

情景感知服务是移动互联网时代衡量服务质量的重要标准,它广泛应用于电子商务、新闻推荐、移动广告、电影与音乐推荐、电子旅游、移动学习、图书馆服务等领域,根据用户情景、偏好、行为和需求,采用推荐算法,为用户提供实时的推送服务。当今,情景感知已广泛应用于商业服务中,例如当用户在进行网络购物时,系统会根据以往用户选择物品的品类、款式、颜

---

① 杨玉麟:《图书馆服务理念之我见》,《图书与情报》2010年第4期,第4—6、12页。

色、价格及次数等相关信息，自动推荐用户感兴趣、相同或相似的关联信息或商品，用户可以通过对比商品的质量、价格、信誉及评价等指标，来确认自己所需要购买的商品，避免花更多的时间或精力漫无目地去查询相关商品。这种情景感知服务满足了用户购物心理需求，提升了用户购物效率，加强了用户愉快的购物体验。同理，智慧图书馆情景感知服务会根据用户阅读需求，设定满足用户愉悦体验的阅读场景，适时嵌入用户感兴趣的阅读主题、内容和资料推荐，提供有利于用户交流与互动的平台，感知用户对阅读的评价与反馈，调整服务方式以适应用户主体结构和消费习惯的改变。总之，情景感知服务是智慧图书馆满足用户心理需求、加深用户阅读体验和提升用户阅读效率的有效途径，图书馆应借鉴此商业操作模式，将情景感知服务广泛应用于图书馆工作实践中，为用户带来全新的阅读体验。

（二）满足用户需求变化

移动互联网技术的发展，改变了图书馆用户获取知识的行为和习惯。用户更依赖于方便、快捷的智能设备，更趋向于随时、随地、随意的数字化阅读，更喜欢开放、共享的资源环境，更乐意利用新媒体平台进行交流，而且受政治、经济、文化及生活环境因素影响，用户更擅长利用碎片化时间来进行快速浏览、查阅，了解新闻、动态、时事、咨询等相关信息，通过读、听、看、说等感官来全方位地接收信息，更愿意在休闲、自由、流动的氛围中阅读。智慧图书馆要适应用户这些需求变化则需要不断提升自身服务能力，利用大数据、人工智能及云计算等先进技术来掌握用户身份信息、行为习惯和阅读偏好等，为用户提供智慧检索、分析、交互、推荐及决策等知识服务，激发用户阅读兴趣、丰富用户文化知识、开发用户潜在能力、提升用户社会价值。通过优化信息资源、美化阅读环境、尊重用户行为、提升服务效率等措施来完善服务体系，利用互联网的便捷性、开放性和互动性，与用户建立联系，随时了解和掌握用户需求变化，鼓励用户积极表达或参与图书馆服务，实现图书馆与用户需求的良性互动。

（三）提供个性定制服务

随着信息社会的快速发展，用户对图书馆服务的差异化与个性化需求越来越大，所以千篇一律、刻板保守、坐等上门的服务方式已不适应用户需求，唯有个性、特色、时尚的服务手段才能得到用户青睐，如人脸识别、5G网络、物联网识别技术、扫码支付等新科技服务手段,能为用户提供更多、更精准的个性化定制服务及智能体验。智慧图书馆致力于打造全方位、多维度、高端智能的智慧服务环境,利用大数据分析,针对特定时间、特定地域、特定对象及特定需求来设置个性化定制服务。用户作为主体,提出其本质需求,希望进行"私人定制";图书馆则作为客体,应打造智能服务平台,根据用户大数据,了解不同用户的个性化需求,与不同图书馆及文化服务单位合作,通过跨界融合,实现从简单定制服务到深度定制服务的进化,满足用户深层次的个性化需求。目前,许多网商、电商都具备个性化定制功能,对销售的商品提供个性化选项服务,顾客只要设定自己心仪的款式、颜色、尺寸、材质等选项,网页上就会出现符合顾客期望的商品,从而让顾客挑选到自己满意的产品。智慧图书馆个性化定制服务也需要这样的效果,围绕用户需求设置定制服务项目,让用户自己做主,自己决定需要什么样的服务,想要得到怎样的服务效果,这样才能彰显图书馆人性化服务的本质和内涵,使其焕发出新的生机和活力。

二、以平台为基础

用户平台是智慧图书馆智慧服务的根基,没有服务平台就没有智慧图书馆,就更谈不上智慧服务。一个优质服务平台是集用户、资源、服务、交流于一体的综合体,为用户提供全方位、多功能、便捷化的智慧服务。知名互联网公司正是抓住了时代机会,围绕搜索、电商、社交建立了各自的应用平台,满足了用户对平台的需求,使得用户能主动、积极地参与进来,并带动更多的用户参与。这种用户连锁效应得益于开放、共享、共赢的平台思维。因此,智慧图书馆需要建立一套低成本、高效率、可识别的新型智慧服务平台,为资源整合、共享借阅、交流互动及联盟服务的开展提供有力保障。

(一)资源整合平台

图书馆资源包括公共资源和私有资源。公共资源主要包括一些公开、免费的供全体用户共同使用的外部资源,这部分资源容易获取,但杂乱无章;私有资源指图书馆通过购买出版商和数据库商所获得的资源,以及自建特色数据库和机构知识库资源,这部分资源受制于合作商家或版权保护,随着采购成本逐年增加,各个图书馆明显感觉经济负担在加重。互联网技术的应用和发展,不但可以链接各地分散的图书馆,还可以加速图书馆之间的交流与合作，这为资源整合提供了机会和条件。智慧图书馆资源整合就是以一种开放、包容的姿态，将各级各类图书馆的各种资源整合、汇聚在一起，通过互联网跨地域、专业和行业的优势，形成统一标准、统一路径、统一管理的超级图书馆资源整合平台，不仅可以提供"一站式"检索和个性化服务，而且能够提供便捷、海量、免费的信息资源服务。另外，它还是一个资源交互平台，通过聚合不同用户的智慧，利用用户的力量实现资源分享、补充和更新，使平台处于一种灵活状态，任何用户都有权利获取资源，但也有义务奉献资源。

（二）共享借阅平台

共享借阅平台是为实现海量用户共享借阅模式而专门搭建的信息服务平台，它依托集成的海量信息资源与云服务共享体系，为用户提供资源搜索与获取、自助借阅管理和信息定制等服务功能[①]。它源于"互联网+"时代对共享经济（如共享单车、共享充电宝、共享雨伞、共享篮球等）的应用，将共享理念嵌入图书馆管理与服务中，实现图书馆与图书馆之间、图书馆与用户之间、用户与用户之间的共享，其目标是最大限度地满足海量用户借阅共享需求。创建共享借阅平台的最大优势是减少文献资源流通中烦琐的借阅程序，极大地提高文献资源利用率，用户可以自助查询和借阅本馆或他馆的文献资料，满足多样化的文献借阅需求；还可以通过在线阅读的方式来发布书评、分享感受和进行学术研讨等；也可以通过线上请求，得到相应的线下配送服务；利用共享借阅平台产生直接联系，快速地从另一个用户手中直接借阅所需文献资料，而不需要图书馆进行中转借还，以最短时间、最快速度和最有效的方式借阅所需资料。总之，共享借阅平台能够解决图书馆在流通环节中效率低下的问题，简化借阅手续、缩短借阅时间、提升借阅效率，这既契合用户的借阅需求，又减轻了图书馆流通部门人力、物力和财力负担，使其可以将更多的精力投入平台的管理和维护中，以提升图书馆的服务效率。

（三）交流互动平台

新兴科技的发展已使社交媒体变得越来越普遍，当下最常用的微信、QQ、微博、贴吧等社交媒体已成为人们日常交流所需，智慧图书馆利用新兴社交媒体为用户打造一个智能、互通、便捷的交流互动平台也显得特别重要，传统书信、留言板、电子邮件等信息交流平台存在时效性差、参与度低、互

---

① 陈群：《智慧图书馆与海量用户共享阅读模式研究》，《四川图书馆学报》2019年第1期，第56—60页。

动性较弱的缺点，很难满足用户日益增长的互动需求，也很难调动用户参与的积极性，而新媒体社交平台克服了这一系列缺陷。比如微信图书馆，它就是利用微信来提升图书馆服务的一种交流互动平台，它加强了图书馆与用户之间的联系，由图书馆安排专业馆员负责微信平台的运营和维护，保证了系统的稳定性，并针对用户提问及时给予回应，解决用户正面临的问题，促进用户与馆员之间的交流与互动；同时，用户也可以针对图书馆发布的信息内容或推荐资料发表自己的看法和评论，将自己的想法、见解及意见及时反馈给图书馆，提升图书馆服务质量与效率。目前，微信图书馆已广泛应用于各大高校和公共图书馆，成为加强图书馆与用户之间交流与互动的重要渠道，并随着图书馆的大力宣传与推广，其运用也越来越广泛。微信图书馆是图书馆应用较广泛和普遍的互动交流平台，也是智慧图书馆运用新媒体社交软件较成功的尝试。

（四）联盟服务平台

"互联网+"具备的"开放生态、连接一切"的特点意味着可以把各行各业都结合起来进行联盟合作服务。它打破了图书馆固有的边界、缩小了数字鸿沟、减弱了信息的不对称，有利于图书馆拓展智慧服务渠道、拓宽智慧服务空间、扩大信息服务范围。传统、单一的图书馆服务会因资金、技术、资源、人才等方面的局限而使服务变得不尽如人意；而智慧图书馆联盟服务平台的建立，可以使图书馆跨越时空限制与其他行业、机构之间开展服务合作，既可以满足用户的多元化需求，又可以减轻图书馆服务成本负担，还可以与合作服务单位互惠互利、共谋发展。联盟服务平台打造了一个以互联网技术为基础，以图书馆为主，其他联盟成员为辅的智慧服务环境，具有灵活、便利、开放的特征，充分整合社会公共资源，利用网络嵌入进行链接，最大限度地为各类用户提供协作联盟服务。目前，比较流行的智慧云服务平台就是联盟服务平台最好的范例。它是云计算服务商利用自身数据中心优势，为行业客户提供托管、政务和资源服务的一种商业运营模式。其运行原理是用计算集群作为硬件平台，通过基于边缘计算的系统架构软件平台，构建分布式人工智能系统，利用数据和任务的协调和分发机制让人工智能更节能、更快速、更灵活、更高效。智慧图书馆可以利用商业智慧云服务搭建联盟服务平台，通过IT公司来协助维护和运营，这样可以节约时间和人力成本，只是费用相对较高，但服务平台一旦成熟运营起来，它的价值将无法估量。

三、以共享为目标

当今时代,"共享"一词已被世人所熟知,2017年12月,它其还入选为"2017年度中国媒体十大流行语",其入选理由是,它是共享经济中的核心理念,即强调物品的使用权而非所有权。智慧图书馆同样也离不开共享理念,因为资源、知识、服务和人才的共享,可以将封闭、保守、各自为政的图书馆连接起来,形成一个"人人参与,人人尽力,人人享有"的全社会信息保障生态环境,让全社会公民都平等享有公共资源服务的权利。以共享为目标是智慧图书馆未来追求和发展的方向,它将引领图书馆迈向新台阶。

(一)资源共享

互联网将人与人、人与物、物与物连接起来,形成一个互联互通的整体环境,有利于资源的利用和共享。资源共享是智慧图书馆最显著的特征,它打破了传统数字图书馆"信息孤岛"的局限,解决了图书馆因电子资源价格攀升而缩小采购范围的困境,利用网络这个工具将分散在各处的各类图书馆连接在一起,加强彼此之间的交流与联系,从而为资源共建和共享提供了便利,各类图书馆则可以通过建立联合目录数据库或资源共建共享平台,本着开放、平等、协作、分享的互联网精神,尽可能地开放本馆数据资源,并加强对馆藏纸本书的开发利用、对电子资源的联合采购、对免费网络资源的优化整合,利用大数据思维实现人、资源与服务的完美结合,为用户打造一个开放、自由、绿色的资源获取生态环境。

"互联网+"时代,图书馆资源共享以用户需求为落脚点,融入用户知识情境,深度开放资源、关联资源、调度资源和重用资源,实现资源平台与用户互动的双向实时配置,共享范围已超越图书馆内部系统限制,更强调为用户开放一切,更关注用户参与资源共建共享,并鼓励用户通过自媒体利用和传播资源。用户既是资源的利用者,也是资源的生产者,更是资源的传播者,而图书馆只在其中充当平台运营的管理者和媒介者的角色,对用户获取资源起桥梁作用。智慧图书馆资源共享已不是图书馆的个体行为,而是用户、图书馆、各社会组织之间的群体行为,资源从生产、组织、传播到利用都离不开各个群体的共同努力,只有秉承共筹、共建、共享的理念,图书馆才能融入互联网大潮中而不被淘汰,从而利用社会公共资源来促进自身发展,并为社会作出贡献。

（二）知识共享

知识共享是智慧图书馆智慧服务的重心之一，它是将隐性知识转化为显性知识，使其不断吸收、应用和创新的过程，将知识不断增值并转化为生产力，推动社会向前发展。微信、微博、虚拟社区等新媒体的应用为知识共享提供了便利，也为图书馆智慧服务提供了条件。图书馆知识服务团队可以借助新媒体构建知识服务平台，为用户打造一个自由、宽松的知识交流和分享的环境，让用户、团体或组织能作为知识主体参与其中，不断创造、生产知识，并承担传递和分享知识的责任，吸引更多知识消费者接收、利用和创新知识，从而形成一个知识分享的闭环模式，让知识不断增值、不断创新，并在团体智慧的碰撞中激发用户个体的隐性知识，对知识进行突破和超越，从而创造出新的知识增长点。图书馆在知识分享中更多充当知识分解者的角色，发挥对知识进行过滤、组织、存储等，并承担组织和管理的工作，利用先进技术来保障知识主体共享与创造知识，提高知识组织和管理效率。

"互联网+"时代，图书馆更趋向于通过虚拟社区为用户提供知识共享服务，它可以加强用户之间的交流与互动。在虚拟学术社区中，用户可以不受时空、地域限制，自由传递和交流信息，并通过多种方式进行知识共享，实现知识的转移，提高知识的利用率。虚拟社区具有知识共享范围广、平等性、自由性、专业性和及时反馈性等特征，为用户提供了一个轻松自由的交流环境，但由于受个人因素、人际因素和社区因素的影响，并且在分享知识过程中每个用户的行为、心理和意愿是不同的，所以如果图书馆能有效地将优势资源嵌入虚拟社区中，使用户对知识分享产生共鸣，带动他们主动分享知识，并使他们愿意分享知识和乐于分享知识，能从分享知识中获得满足感与成就感，那么就实现了其服务的初衷，让知识增值并产生绩效，让更多用户受益于知识并分享知识，使用户在虚拟社区中找到存在感和成就感。

（三）服务共享

信息网络技术的发展改变了人们获取信息的途径和方式，也改变了图书馆信息中心的地位，图书馆传统的联合书目、文献传递、馆际互借及参考咨询等服务已不能满足用户日益变化的多元化需求，智慧图书馆未来发展的新方向应考虑由资源共享向服务共享转变。服务共享不仅可以节约图书馆资源建设的成本，而且可以提升图书馆的服务品质，在转变服务策略和创新服务方式上起着重要作用。实现服务共享的具体措施包括以下三点。

第一，建立服务共享云平台。智慧化云服务平台利用大数据、云计算等先进技术整合文献数据、用户数据、管理数据等，为用户提供端到端的智能增值服务，用数据驱动进行服务，并提供全天候服务。用户利用此平台可以获得人性化的服务，不限时间、不限地点和不限方式地获得信息、发布信息或共享信息，真正体验到图书馆"无所不能"的服务。

第二，重视用户参与体验。用户参与是消除资源获取困难的有效途径之一，也是评估图书馆服务效益的重要指标。图书馆只有让用户参与到服务共享中来，才能知道哪些服务是有效的，哪些服务是无效的；通过用户的亲身体验和反馈，才能明白自身服务的优势和劣势，并及时调整服务方向，从而提升用户的满意度。

第三，跨界联盟共享共赢。跨界联盟服务是智慧图书馆创新发展的模式，它不仅解决了图书馆面临的人力、物力和财力方面的问题，而且能让社会公共资源得到充分利用，还能满足用户全方位、多元化的服务需求。这种跨越时空限制、模糊组织边界的联盟合作服务让图书馆打破了行业禁锢，以开放、包容的姿态与相关服务主体交流、合作，形成优势互补，互利共赢，也让用户感受到更先进的科技服务手段，享受到更丰富的资源储备和体验到更优质、便利的联盟服务。

（四）人才共享

人才共享是互联网时代随着知识共享而产生的新理念，它是国家、社会、企业等以更宽广的角度、更大的范围、更高的效率来进行的人力资源配置。它不仅包括人才的学历、经历、年龄等显性资源，还包括人才的工作经验、专业技能及专家智囊等隐性资源。智慧图书馆人才共享包括内、外两部分。对内而言，图书馆打破部门之间人力资源配置的壁垒，构建扁平化人才管理模式，优秀人才不再隶属于某个部门，而是以灵活服务的身份存在，根据自身特长和优势，以用户需求为目标，利用网络技术、专业知识及实践经验，以最有效的方式为用户提供灵活而个性化的服务。这种服务精减了服务的中间环节，使服务变得更加直接和有效，可以让用户充分体验到图书馆优质、高效的服务。对外而言，图书馆更多考虑的是低成本、高效率的人才利用模式。这种模式改变过去人才的单位所有制，改单位"养人"为社会"养人"，人才隶属于人才市场，单位只用不养，按用付酬，择优而用。这样不仅减少了巨大的财务支出，而且大幅度地提高了劳动生产率。另外，图书馆与其他用人单位也可以建立联盟合作关系，相互借调人才或调换人才来提升本单位的服务效益，从而实现人力资源的优化配置。总之，人才共享是社会未来发展的必然趋势，图书馆也要充分利用自身优势，积极培养懂技术、肯钻研、敢拼搏的优秀人才，为实现跨越式发展做好充分的人力资源储备。

四、以创新为动力

创新是引领发展的第一动力，智慧图书馆发展离不开创新，创新是改变图书馆被边缘化命运的动力和源泉。信息技术的迅速发展使知识信息环境发生了变化，新的用户需求、用户行为和用户结构逐渐生成，用户更趋向于寻求更加便捷、个性化、准确的知识服务。智慧图书馆通过机制创新、科技创新及实践创新开拓了新的服务路径，为图书馆未来发展打开了新局面。

（一）以机制创新为引导

机制创新，是指企业为优化各组成部分之间、各生产经营要素之间的组合，提高效率，增强整个企业竞争能力而在各种运营机制方面进行的创新活动。智慧图书馆的机制创新关系到图书馆服务理念、服务方式、服务质量和服务效率等多个方面，是引领图书馆未来发展的重要组成要素，它主要包括决策机制、管理机制、保障机制和发展机制四个方面的内容。

1. 决策机制

图书馆以往的决策主要根据领导人和相关专家评估、考察及汇总得出，带有一定的主观性和思维局限性，虽然在一定时期起到了积极作用，但随着信息技术的发展，这些决策在某种程度上开始阻碍图书馆发展，因此建立一套行之有效的决策机制变得十分必要。信息技术、大数据、物联网等新兴科技的发展为图书馆的决策机制带来了机遇，图书馆可以利用大数据技术来收集、整理、分类、汇总各类用户信息、资源信息及工作动态信息，并倡导多部门协同合作，汇总各部门动态数据，掌握资源增减情况、用户活动规律和日常事务管理等数据信息，利用大数据进行科学分析，得出最有利于提高资源利用率、提升用户积极性及提高管理效率的决策机制。这种依靠客观数据进行决策的机制有利于提高图书馆管理决策的科学化、精准化水平，促进图书馆良性发展。

2. 管理机制

图书馆服务效率与其管理机制密切相关，管理机制好坏直接关系到图书馆发展兴衰，构建一个科学合理的管理机制可以保证图书馆的正常运营，并能发挥图书馆的最大效能来为社会服务。在互联网时代，图书馆管理机制需要做出以下改变：服务重心从以资源为主转变为以用户为主；管理体制由集中服务转变为分散服务；服务方式从由等用户上门转变为积极主动为用户服务；服务咨询从线下转为线上等。管理机制的改变关系到管理效能的高低和社会评价的好坏，图书馆只有在组织内部系统地进行调整和改革，改变固定的思维模式、重构组织结构、细化责任分工和提升人员素质，借鉴企业先进管理经验，利用现代智能技术来提升管理效率，从管理中吸引用户对图书馆长期持久的关注，提升用户黏性，并通过管理来实现图书馆的转型和升级，才能使图书馆在管理中求生存、谋发展。

3. 保障机制

智慧图书馆主要依托现代信息技术来进行多元化服务，但由于网络的开放性和自由性，会带来很多潜在危机，如病毒攻击、版权纠纷、网络诈骗及舆情误导等。国家为了保障网络安全，维护网络空间主权和国家安全、社会公共利益，保护公民、法人和其他组织的合法权益，促进经济社会信息化健康发展，于2016年11月通过了《中华人民共和国网络安全法》，这为营造一个风清气正的网络空间提供了法律依据。2017年11月《中华人民共和国公共图书馆法》的通过为公共文化服务保障提供了法律支撑，使广大人民群众能更好地享受到公共图书馆及其服务，有利于促进图书馆事业的发展。这两部法律的颁布实施为智慧图书馆提供了法律保障，依法治馆成为图书馆可持续发展的根本保证。在法律的保障下，一方面，图书馆有权利维护自身的生存权和发展权，可以在政策允许的条件下，争取更多资金、技术、人员来维护资源数据安全、用户信息安全和平台运营安全；另一方面，图书馆有义务保障人民群众的公共文化权益，让公民享有公正、平等、免费的图书馆服务。依法治馆是图书馆应遵循的基本准则，不仅要提高各类人员的法律意识，而且要将法律保障落到实处，只有将二者结合起来，才能构建起一个安定有序、健康和谐的图书馆网络服务环境。

4. 发展机制

智慧图书馆是图书馆服务创新的主要发展模式，它将图书馆基本功能和拓展功能融为一体，充分实现了图书馆虚实结合、线上线下、静动互补的全方位服务。随着科技的日新月异，图书馆需要不断完善自身发展，构建一套泛在化智慧服务、生态化绿色服务和联盟化融合服务的发展机制，挖掘图书馆的潜力、激发图书馆的动力和焕发图书馆的活力，使图书馆实现长期、可持续、健康发展。

首先，泛在化智慧服务，是指图书馆在智慧化技术应用基础上构建能够无所不在地满足用户多样化需求并促进其智慧化发展的服务，它不仅包括智慧的服务，还包括为智慧而服务[①]，图书馆需要在此基础上构建以用户为中心的泛在化服务模型，通过基础设施层、数据资源层、技术处理层及服务应用层的递增功能，实现泛在化智慧服务，让用户能随时、随地、随意地使用图书馆资源，充分利用和发挥知识智慧，创造出新价值。

其次，生态化绿色服务，是指图书馆利用和融合互联网的独特优势，在信息资源、时空布局、技术设备及知识推广等方面打造智能化绿色生态服务，它突破了图书馆传统局限、打破时空限制，使服务在互联网上实现无限时空衍生，为图书馆的发展带来最好契机[②]。图书馆利用互联网实现资源信息的互联互通、共建共享，创建适用于用户行为习惯的知识推广和创新模式，跨越物理空间局限范围，将服务延伸至虚拟空间，使图书馆服务价值得到不断升级、强化和增值，进一步提升其创新力与服务力。

最后，联盟化融合服务。互联网就如同一个大熔炉，既能够将各种信息融为一体，也可以将各类图书馆连接在一起，这为图书馆实现大联盟、大融合服务提供了可能。图书馆未来的发展方向就是从各类图书馆的数据链接中发现和创造新的服务方式，即通过图书馆之间的合作联盟，跨越行业、领域、学科及地域的局限，实现无时不在、无处不在的联盟融合服务。

（二）以科技创新为内驱

科学技术是第一生产力，当下移动互联网、大数据、云计算、人工智能、RFID、5G等技术正以势不可当的气势影响着社会各行各业，推动着社会经济的快速发展，这些也成为驱动图书馆创新发展的动力源泉。图书馆拥有科技创新的基础性资源，也是科技应用的尝鲜者，对各种新兴科学技术都应采取积极主动接纳的态度，将抽象的理论科技转化为具体的实践应用，利用科技手段来武装自己，将科技转化为内驱力，不断提升自身服务效率，并引领科技人才不断创新，走出一条科技创新发展的新道路。

---

① 陈远、许亮：《面向用户泛在智慧服务的智慧图书馆构建》，《图书馆杂志》2015年第8期，第4—9页。

② 刘洵、金席卷：《智慧图书馆信息生态位竞争力研究》，《图书馆工作与研究》2016年第17期，第54—56页。

1. 培育科技创新服务环境

智慧图书馆更多依赖技术智慧为用户创造一个知识创新的服务环境。在图书馆发展史上，科技领先图书馆发展是一种必然趋势，图书馆要敢于尝试新技术，并在尝试中总结经验和教训，不断完善自身服务效率。近年来，图书馆在科技应用方面取得了巨大进步，例如，以 RFID 为代表的物联网技术，使图书馆走向了智能化；以 3G 为代表的移动技术，使图书馆走向了泛在化；以软件即服务（SaaS）和平台即服务（PaaS）等为代表的云计算技术，使图书馆走向了区域一体化；以数据挖掘为代表的大数据技术，使图书馆走向了智慧化。科技不断影响着图书馆的服务理念、组织结构、管理模式、空间布局及未来走向等，使图书馆不断超越自身局限，不断寻找新的服务创新突破口。图书馆在科技创新理念的引领下，不断为用户提供新兴科技带来的场景感受、资源发现、阅读体验、3D 打印及个性订阅等新式服务，发现用户兴趣、挖掘用户潜质、激发用户创新能力，将用户的隐性知识转化为显性知识，并转"知"为"慧"，进而为社会生活服务。因此，智慧图书馆不仅包括图书馆自身不断利用和发现科技创新的能力，而且包括激发用户创新的能力，即图书馆作为一个服务主体需要不断创新，而且需要为用户营造一个创新服务环境，从而为整个社会创新发展贡献光和热。

2. 健全高质量科技发展路径

高质量的科技创新离不开原始研发能力和关键核心技术突破，智慧图书馆在技术创新方面也需要走出一条高质、高效、可持续发展的道路。

首先，提升用户对新兴科技的真实体验。随着科技升级和产品迭代的发展，图书馆主流用户的行为习惯也发生了改变，时间和注意力的碎片化使短视频、浅阅读、互动直播及快播等互联网内容更吸引用户，图书馆可以顺应用户这一需求变化，将丰富的数字资源嵌入各种互联网平台，如利用裸眼 3D、虚拟现实（VR）、增强现实（AR）、智能互动等新兴技术进行创新，为用户提供便捷、有趣和高效的"比真实更真实"的体验。5G 技术的应用，因其高速率、低延时、高可靠性的特点，为图书馆带来虚拟现实和增强现实、超高清视频、智慧阅读、智能场馆、智能安防及区域联盟服务协同等新技术的应用场景。而用户在网络停留时间加长、文字阅读碎片化现象加剧及网络社交属性加重等方面的问题，使智慧图书馆服务面临更大的挑战，因此及时转型和升级，为用户打造一个智能、智慧服务场景，提升用户真实体验，是图书馆未来发展的必经之路。

其次，深化对新兴科技的应用与管理。图书馆向来对新兴科技的关注是十分敏感并善于实践的，从数字图书馆、移动图书馆、智能图书馆到智慧图书馆，图书馆一直在不断尝试利用新兴科技给其带来便利、快捷和高效。智慧图书馆是融合了所有技术的一种图书馆服务模式，更加深化了对新兴科技的应用与实践，利用"互联网+"思维，将大数据、云计算、物联网技术应用于图书馆，汇集了数字图书馆、移动图书馆的所有功能。例如，浙江图书馆运用互联网技术与某金融服务集团有限公司合作开展了信用及行为数据共享和分析活动，共同打造了集书刊借阅、活动查询、自助消费于一体的数字化平台；辽宁省图书馆通过微信公众平台延伸时空服务，增加了与用户的互动交流，使图书馆服务更加个性化、实用化、高效化，真正实现文化惠民；广州越秀图书馆运用科技手段打造24小时线上讨论平台，为用户提供了自由交流、共同分享的创新创业平台；苏州图书馆借助互联网与物联网技术打造线上线下借阅平台，率先推出了"网上借阅、社区投递"服务等。这些都是新兴科技运用于图书馆的成功案例，科技拓展了图书馆服务范围，提升了图书馆服务效益，而且随着人工智能和5G技术的发展，还将进一步延伸图书馆服务深度与广度，使其向更加智能和智慧的方向迈进。但是，技术的应用终究离不开科学的管理，管理创新是实现技术创新的基础和保障，优质的管理可以将技术转变为更优质的服务，可以激发更深层次的技术创新，因此，图书馆应将新兴技术的应用和管理结合起来，用管理来助力技术创新，从而进一步提升图书馆服务效益。

最后，树立科技兴馆的理念与自信。图书馆在发展过程中，对信息技术发展保持着高度的敏锐性，一直紧跟新兴科技发展步伐，并不断尝试和实践，为用户带来全新体验和新鲜感受，在利用科技手段进行服务创新方面作出卓越贡献。面对日新月异的科技，图书馆不能停止追求科技兴馆的前进步伐，要保持积极主动的态度和克服困难的勇气和决心，不断探索科技兴馆的方法和途径，走出一条科技创新的新道路。在科技兴馆上，图书馆需要解决以下四个问题。第一，资金短缺问题。新兴技术研发离不开庞大的经济支撑，互联网的不断升级换代，意味着要淘汰旧设备及基础设施，更换新一代智能设备及终端设施，而图书馆需要有雄厚的经济基础做后盾，可以通过政策支持、财政补贴和项目资助等方式来筹措资金，才能为技术研发做好经济储备。第二，攻克技术难题。任何一个行业要想提升效益、提高生产率，都离不开核心技术攻关，图书馆的服务创新更离不开解决技术难题，特别是新科技的应用，必然在研发、安装、试用、维护等方面存在技术问题。这就需要一批懂技术、会钻研、善学习的科技馆员发挥带头作用，不断进行原始研发及技术攻关，让科技服务惠及更多用户。第三，质量效率问题。新科技的应用是为了高质高效发展，图书馆对新技术的运用是为了缩短服务时间、提高服务质量和提升服务效率，在有限的服务空间、设施、资源及人员的情况下，以最方便、快速和精准的服务方式，满足最大范围内各类用户的需求，从而使图书馆达到低成本投入、高效率产出的服务效果。第四，运行负担问题。智能技术及科技服务不是一劳永逸或一成不变的，而是一个不断更新、完善的过程，特别是新技术及新设备的运用往往需要一个试用、启用和维护阶段，需要图书馆不断跟进和持续关注，不仅在运营成本上不断投入，而且在后续管理上要不断跟进。随着技术的更新换代，许多设备和技术容易老化、退步，如何跟上时代步伐，考验的不仅仅是图书馆的财力问题，还有观念问题，而能否在技术迭代中成功转型和升级，是图书馆面临的最大挑战。因此，图书馆只有抱着一种科技兴馆的决心与信心，不断创新和寻找突破口，才能在科技潮流中立于不败之地。

3. 增强自主创新服务能力

自主创新是指通过拥有自主知识产权的独特核心技术实现新产品价值的过程。自主创新包括原始创新、集成创新和引进消化吸收再创新。智慧图书馆自主创新服务包含三个方面的内容：一是原始创新服务。图书馆借助智能互联网技术对图书馆设备、空间、资源及服务进行改造，创造出新的服务场景、服务空间和服务方式，如虚拟现实设备可模拟出真实场景，让用户同时享受视觉、听觉和触觉的交互碰撞，即使没有真实场景，也能体验到身临其境的阅读效果。二是集成创新服务。图书馆通过融合、汇聚各种新兴技术，形成更具创新性的服务模式，如依托人工智能、大数据追踪及深度学习算法等技术，实时收集每个用户的阅读时长、停留时间、阅读速度及阅读偏好等数据，实现对用户的精准推广和个性化服务。三是引进消化吸收再创新服务。图书馆引进各类先进经验和技术，结合图书馆服务工作实际，创建虚拟网上图书馆，使用户通过网络实现检索、借阅、阅读及共享等行为，并利用智能机器人实现智能咨询、导航、推荐及预约等创新服务。智慧图书馆自主创新服务能力不仅包含图书馆运用新兴技术的能力，而且包含图书馆是否具有适应时代发展的能力。它有利于激发图书馆善于学习的潜力、勇于探索的毅力和敢于变革的魄力，对提升图书馆服务自信心和明确社会价值取向具有积极的作用和意义。

（三）以实践创新为抓手

实践创新是将理论付诸实际行动的最好体现，是理论创新、机制创新和科技创新的最终落脚点和归宿，它是检验一切创新理论的唯一标准。智慧图书馆通过多年理论研究，已具备一定的理论基础，这为其实践创新创造了条件。近年来，随着互联网的普及，国内较发达地区的大学图书馆或公共图书馆都在理论发展的基础上不断尝试实践创新，并取得了一定成效，不但提升了图书馆服务效益，而且为其他图书馆提供了借鉴范例，真正展现出图书馆创新服务能力和水平。我们可以通过以下实践创新案例来呈现智慧图书馆服务新模式，以及它为用户带来的全新服务体验。

1. 构建高校学科服务平台

智慧图书馆视域下高校学科服务平台是一个以用户为中心，以图书馆信息资源为基础，以流媒体视频为核心，以课程体系化为主线，引进社区空间设计理念、立体化、自主化的开放式学习平台。它是一种创新的现代信息服务模式，遵循以人为本、开放获取、以用户为中心的理念，是融合资源、空间、技术、工具和多种服务为一体的无缝一站式服务。以白城师范学院图书馆为例，该馆构建了由课程中心、资源中心、个人空间及App架构、移动学习平台四大模块组成的学科服务平台。该平台包括在线学习、自我测试、统一检索、全文阅读、资源整合、资源浏览、资源上传、后台管理等服务功能，支持大数据量访问及多种用户设置；通过课程建设综合管理、数字化考试、录播教室等三大系统来完成综合管理和可视化服务功能，并由此构建了学科服务平台安全策略和保障措施，为智慧图书馆视域下高校学科服务平台建设研究提供了参考。

2. 构建区域联盟共享平台

互联网的便捷性和开放性为区域图书馆构建资源共享联盟提供了可能，我国区域图书馆联盟的各种资源共享平台纷纷建立，以下列举了三个有代表性的资源共享平台。第一，福建省高校数字图书馆（FULink）。该平台由福州地区大学新校区文献信息资源共享平台扩展而成，它将原来的"文献提供服务""联合借阅服务""移动FULink服务""随书光盘服务"等四大服务转为面向全省教育系统内广大师生的"知识中心""学习中心""交流中心"，并进行全面建设，实现了各院校图书资源相互开放、共建共享和联合保障。第二，浙江省高校数字图书馆（ZADL）。该平台在浙江省教育厅领导下，由全省各高校图书馆共同参与建成面向全省高校的数字化文献保障服务体系，建立了全省高校联合目录，可为全省高校近百万师生提供图书联合目录和电子期刊导航服务；建立了全省自建特色资源从建设到服务的共建共享体系，已开通统一检索、参考咨询、馆际互借等应用系统；为用户提供异构数字资源检索的统一检索平台，并实现无缝集成资源获取方式。第三，江苏省高等学校数字图书馆（JALIS）。它采用"管理中心—学科/地区中心—基层图书馆"的三级网络服务体系，通过一期、二期、三期建设，已经初步建成江苏高等学校数字图书馆联盟。目前，第四期建设主要依托高校信息化和大数据中心为全省高校读者提供资源和服务统一揭示的、整合的、分布式的、开放的、多层次的和个性化的江苏省高校数字图书馆云服务平台，以适应高校信息化和大数据技术的发展。它主要服务于全省高校图书馆，其共知、共建、共享的建设理念已成为江苏省高校图书馆普遍遵循的办馆理念。此系统平台已在江苏省高校图书馆中产生广泛影响，为全省高等教育教学、科研工作以及江苏省文献保障事业作出巨大贡献。由此可见，各区域联盟共享平台已在各地生根发芽，并呈现出资源互补、经验分享、协作发展的良好态势。

3. 构建跨界融合服务平台

跨界融合服务是智慧图书馆最典型的特征，是图书馆开放、交流与合作的发展趋势，也是图书馆开拓创新、借助外力、拓展服务的必然选择。目前，图书馆跨界实践案例已层出不穷，并收到良好的社会效益，具体可以从以下三个典型案例中体现。第一，内蒙古图书馆"彩云服务"项目。内蒙古图书馆针对用户借不到新书、热门书的困境，与新华书店开展了"你选书、我买单"的"彩云服务"合作项目，利用互联网实现了书店销售数据和图书馆馆藏书目数据、读者信息数据对接，自主开发了集"采、藏、借、阅"于一体的服务管理平台（彩云服务平台），让用户在书店可以根据自己的喜好挑选图书，书店可现场办理图书查重、编目、录入、盖章等图书采编环节，并且读者借阅后，可以直接把书带回家阅读，看完归还至图书馆即可。这种创新服务不仅满足了用户个性化阅读需求，而且加强了图书馆与书店之间的合作，成功地实现了跨界合作服务。第二，图书馆与文化服务单位跨界合作。互联网开放、平等、协作和共享理念对加强图书馆与相关文化服务单位合作起到了促进作用，并为图书馆及其合作单位提供了一种全新而富有成效的探索。例如浙江图书馆在跨界融合中发挥了带头作用，它通过研发"浙江文化通"App，集中了全省公共图书馆、博物馆、美术馆、文化馆、剧院等公共文化机构，以及高校、民营文化机构的各类文化信息，信息汇聚于一"掌"，显示于一"屏"，为个人用户提供App、微信服务及数字阅读，为公众用户提供大屏幕实时在线展示，深受用户喜爱，有效拓展了图书馆与其他文化机构跨界、开放、融合的途径。第三，图书馆打造公共文化"第三空间"。为了迎合全民阅读推广及都市休闲文化的需要，图书馆开始积极为用户打造阅读空间、创造阅读条件和营造阅读氛围，尽可能寻找可以合作的伙伴或机构，以适应现代社会发展要求，通过与咖啡馆、银行、地铁、酒吧等商业部门合作，满足用户碎片化阅读需求，如深圳市某文化传媒有限公司创办的"In library"是"图书馆+咖啡"合作模式的先行者，曾在全国17个省份54个城市建立600多家咖啡图书馆，合作伙伴包括多家知名度较高的咖啡屋，拓展了图书馆阅读空间，为市民打造了一个休闲的公共文化"第三空间"。正是在这种不知不觉的嵌入与合作中，图书馆将阅读渐渐融入用户的衣食住行，用优秀文化去影响人们，为人们带来文化获得感和精神愉悦感。

4. 构建馆商联合服务平台

图书馆与商业机构的合作由来已久，传统图书资源采购与出版商、数据库商及系统服务商联系紧密。互联网的兴起开始改变图书馆的生存模式、业务模式和服务模式，这也意味着图书馆与商业机构需要探索出新的合作模式，才能在互联网浪潮中立于不败之地。目前，图书馆与IT商业合作比较成功的案例当数浙江图书馆与浙江某金融服务集团有限公司展开的合作项目，该项目运用云计算、大数据等互联网技术，对双方共同用户的信用及行为数据进行共享和分析，以促进技术平台与公共文化服务行业的有效对接，共同打造集书刊借阅、活动查询、自助消费于一体的数字化平台，实现浙江图书馆服务创新和转型发展。浙江图书馆是第一家与第三方支付平台建立服务窗口的公共图书馆，用户通过第三方支付平台窗口扫描二维码，就可以办理读者证、书目检索、预约续借、网上借书、消费支付等一系列创新服务，而且可以通过"网借到家"服务，利用快递公司将书籍邮寄到用户手中，使用户足不出户就可以借阅图书馆的资料。另外，图书馆加强与商业机构合作，可以摆脱自身技术人员不足的困境。随着新兴技术发展，越来越多技术难题需要专业的商业机构来攻克，图书馆也要主动积极地与商业机构开展协作，更换更加智能化的设备，开发更加人性化的服务模式，如机器人服务、穿戴设备、智能书箱、24小时借还机、刷脸设备、智能安防监控等，积极运用二维码、无感借阅、智慧书房、云课堂、精准推送及场景感应等创新服务手段，为用户提供全方位智慧服务。

综上所述，智慧图书馆创新服务及实践已在全国各大图书馆之间开展，并呈现出蓬勃发展态势，它是图书馆善于开拓、敢于实践的真实写照。互联网给图书馆带来了危机感，但也给图书馆带来了创新的希望。图书馆只有不断革新、努力突破，将自身优势与先进科技结合起来，运用图书馆人的智慧不断创新和实践，才能在风云变幻的时代发展中立足，并借助新兴科技力量不断焕发生机与活力，为社会政治、经济、文化及生活作出应有的贡献。

第二节　智慧图书馆服务的技术

智慧图书馆最典型的特征就是运用物联网、云计算、大数据、人工智能及5G等新兴科技来优化服务，提升图书馆服务质量与效率。智慧图书馆智慧服务技术是保障图书馆持续发展的动力和源泉，也是促进传统图书馆转型升级的重要工具。只有充分利用这些先进科学技术来建设图书馆，才能让图书馆持续保持活力和竞争力，才能在知识不断更新、科技突飞猛进的时代，紧跟时代步伐，不断超越和创新，引领图书馆事业走向智慧化的未来。

一、物联网

物联网在智慧图书馆中是必不可少的基础性支撑技术，它相较于互联网来说，是更高层级的分组数据技术基础，为智慧图书馆连接了人、物、机，而且借助互联网的3G、4G、5G、Wi-Fi及蓝牙等技术，构建了更高级的网络架构，使其安全性及可靠性得到进一步提高，更优于互联网。正是这一优势使智慧图书馆在运用物联网以后的服务质量、服务效率及服务范围得到进一步优化，这也为智慧图书馆智慧服务奠定了技术基础，为更高层级的技术智慧服务创造了条件。

近年来，物联网技术已被广泛运用于图书馆，如最常见的自助借还系统、安全门禁自动刷卡与报警、图书自动盘点与分拣等。物联网技术不仅替代了图书馆简单、重复的借还工作，减轻了工作人员的劳动强度，而且提升了图书馆的管理效能和运作效率，并推动图书馆向自动化、智能化和网络化方向转型与升级。目前，智慧图书馆已实现互联网与数字图书馆的交互运用，而物联网则助力智慧图书馆向更加智慧的服务方向发展。

（一）物联网和智慧图书馆的关系

物联网是一种基于虚拟网络与现实世界相交互的网络系统，它以互联网为核心和基础，是互联网功能的延伸和扩展。物联网技术从基础上解决了物理实体的自动识别、互联访问和自动管理问题，使物理实体信息化、网络化、智能化。物联网与互联网的对接与融合，极大地拓展了互联网的覆盖范围，促进泛在网络的形成，丰富了网络基础上信息系统的功能和运行模式。

将物联网运用于智慧图书馆，就是通过物联网技术将图书馆物品（包括图书馆自身）与互联网进行连接，以实现对图书馆物品智能化识别、定位、跟踪、监控和管理的网络系统。物联网射频识别技术（RFID）、传感器技术、传感器网络技术、网络通信技术等将图书馆的馆舍、建筑、桌椅、书籍、用户等信息与电脑相连接，实现了全面感知、交互传递、智能处理，使图书馆具备"无处不在的数据感知、以无线为主的信息传输、智能化的信息处理，用户端可以延伸和扩展到任何物品与物品之间，进行信息交换和通信"①等特点。物联网与卫星定位技术及传感网络技术相结合，可以解决图书馆物理位置定位问题，如图书乱架问题，重复、机械的人力浪费，以及盲目、耗时的书籍寻找等问题，将图书管理系统与实体物品融为一体，共同构筑了一个比互联网更加庞大的网络系统，使图书馆服务更加智能、便捷和高效。

（二）物联网为智慧图书馆带来的变革

智慧图书馆已利用互联网将数字图书馆连接起来，实现信息的互联互通和资源的共建共享。物联网应用于图书馆后，将图书馆的建筑、资源、设备、安防、消控等实体物品连接入网，增强了智慧图书馆的智慧服务功能，不仅在服务模式上使图书馆有了更大的改变，而且在服务内容上也使图书馆有了更全面的发展。它不仅使图书馆物理实体变得更加智能、绿色、环保，而且使图书馆虚拟空间变得更加开放、灵活、安全，也使图书馆由单向、被动和浅层次服务转变为双向、主动和深层次的服务。

首先，物联网给图书馆的建筑实体带来了变化。物联网通过嵌入电子芯片、射频识别、红外感应器、全球定位系统（GPS）、激光扫描器等信息传感

---

① 徐军：《物联网与图书馆》，《图书馆学刊》2011年第9期，第103—105页。

设备，按照约定协议把图书馆里所有物品与互联网连接起来，形成信息交换和数据通信，从而实现智能化识别、定位、跟踪、监控和管理。物联网的射频识别技术（RFID）可提升馆藏数据的借阅与利用效率，通过ID芯片识别，可布局具有传感器的书架，缩短用户查找书籍所用的时间，减轻馆员盘点书籍的负担。目前，在图书馆大量运用的预约取书及图书自助借还业务，充分体现了物联网应用于图书馆的优势。另外，ZigBee（紫蜂协议）传感器是智能家居的常见选择，当它应用于图书馆环境感知中时，可实现座位、灯光、空调、设备的自动控制和远程访问。用户可事先预约座位，通过账号认证后，传感器可开启设备电源供读者使用，当用户使用完毕离开后，这些设备可以自动关闭，最大限度地节约了能源消耗，减轻馆员管理众多设备的负担，并可远程监控设备使用情况。此外，全球定位系统随着智能手机的普遍应用变得越来越重要，它应用于图书馆也指日可待，图书馆利用定位系统功能可以收集用户与图书馆产生关联的大数据，如进馆的频率、阅读的习惯、访问的倾向等，从而分析出用户的个性化需求，以便为用户提供特色服务。总之，物联网带给图书馆的不仅仅是对建筑空间及室内设计的重构与改造，还有集管理和服务于一体的。智能化环境体验，它实现了图书感知、环境感知、设备感知及人员感知，将图书馆实体空间转化为虚拟空间，实现了两个空间的交换和共享，是图书馆发展的重要体现。

其次，物联网给图书馆的服务模式带来了变化。传统的图书馆服务模式主要围绕图书的"采、藏、借、阅"进行，图书馆与用户之间联系单一，通常以图书馆为主，用户为辅。这样造成了图书馆的服务与用户的需求脱节、资源的重复建设和大量闲置等现象。而物联网在图书馆中的应用则改变了这一困境。它通过无线数据通信网络把图书资源自动采集到中央信息系统，实现资源的识别和分类，并通过开放的互联网实现信息的交换和共享。同时，图书馆通过用户信息系统可以全面、详细地了解用户需求，邀请用户进入采编平台建设，进行图书资源采购，利用共享借阅平台来实现图书馆之间的资源建设和联合服务，并根据用户特征，利用个性推荐及新媒体传播来实现资源推广与个性化服务。物联网将图书馆、资源设备、用户等联系起来，实现图书馆与资源设备、图书馆与用户、用户与资源设备之间的互联互通，使信息交互变得更便捷、密切和随性，信息融合与个性化服务成为图书馆服务常态，图书馆的安保、消防系统也变得更加安全。因此，以物联网为基础的图书馆服务模式带给图书馆的不仅是观念上的改变，还有更深层次的实践操作改变，这使图书馆更倾向于利用新兴科技手段及联盟合作意识，为用户提供更便捷、高效和人性化的联合服务。这种主动、灵活、积极、开放的服务模式，使图书馆充当的角色更多样化，成为用户获取知识的资源中心、学习中心和交流中心。

再次，物联网给图书馆的服务内容带来了变化。物联网将实体图书馆变为虚拟图书馆，扩展了图书馆的服务空间，扩充了图书馆的服务资源，扩大了图书馆的服务范围，给图书馆的服务内容带来了深刻变化，以下主要从三个方面介绍了物联网给图书馆的服务内容带来的变化。第一，提供了虚实结合的信息空间服务。物联网将图书馆中任何一种物品都变成了传感器节点，从而将实物变成数据信息，形成了一个虚拟的图书馆服务空间。用户可以通过互联网查询来获取图书馆资源信息和设备利用情况，确定需要的服务内容，并依靠物联网中底层传感节点引导完成实体空间的服务过程。第二，缩短了用户与图书馆的信息交互距离。物联网将实体资源变成虚拟资源后，用户就可以通过网络平台完成资源的查询、借阅、归还及推荐等活动，实现全方位的自我服务和自我管理，并通过图书馆提供的网络资讯平台提出意见、进行反馈，将自己所思所感及时反馈给图书馆，从而促进图书馆改善和提升其管理和服务水平。第三，实现了全面、深入的信息资源服务。物联网将跨馆服务变成了现实，它借助云计算强大的计算能力和存储能力，将图书馆各种感应信息与其他图书馆进行交互和融合，实现了图书馆之间信息感知和交互服务，为用户提供多途径、多形式和多选择的信息资源服务，并利用全面而详细的用户借阅信息统计，实现更有针对性的图书推荐服务。总之，物联网应用于图书馆，使图书馆服务内容发生了根本性的变化，为图书馆提供了全新的发展机遇。

最后，物联网给图书馆的服务管理带来了变化。物联网应用于图书馆，促进了图书馆对设备、人员、资源、物流及信息等方面的整合化管理。从环境角度来看，图书馆借助物联网技术，能够让馆舍变得更加智能化，实现水、电、光、温度、安保等方面的环保、节能和自动化管理；从人员角度来看，物联网的应用大大减轻了图书馆馆员盘点、借还、咨询、采购工作的负担，能让馆员抽出更多时间去考虑如何提升服务效率，而不是做重复、机械的简单工作；从资源角度来看，物联网将馆藏资源联网后可以实现资源的共建共享，避免因重复建设和流通不畅而引起的资源浪费，可以最大限度地提高资源利用率；从服务角度来看，通过物联网技术，可以全面、实时地获取图书、人员、设备等信息，图书馆服务场所不再局限于图书馆建筑之内，服务方式也由面对面变为可通过网络或其他通信工具进行，用户接受图书馆服务的设备则会拓展到各类智能移动设备以及数字电视等其他智能设备。服务过程由用户、图书、图书馆管理系统之间的单向服务过程变为三者之间的网状服务过程，服务原则也由按时服务变为随时服务。总之，物联网让图书馆变成了一个集服务与管理于一体的全方位、智能化的体验环境，它促使图书馆向更高级的智能图书馆迈进。

综上所述，物联网技术从基础上解决了物理实体自动识别、互联访问和自动管理问题，使物理实体信息化、网络化、智能化。另外，物联网与互联网的对接与融合，极大地拓展了互联网的覆盖范围，促进了泛在网络的形成，丰富了网络基础上信息系统的功能和运行模式。物联网应用于智慧图书馆之后，图书馆服务场所不再局限于图书馆建筑之内，服务方式也更偏向智能设备的使用，服务时间更随意自由，服务过程也变得更直接、有效。物联网赋予智慧图书馆新的价值和智能体验，让图书馆焕发出新的活力和生机，为迈向智慧图书馆创造了基础条件。

（三）物联网在智慧图书馆中的应用场景

物联网解决了物体与物体之间、物体与人之间，以及人与人之间的互联和信息交换。它将无线射频识别技术、传感器技术、智能技术、无线通信技术应用于图书馆，使图书馆变得更加智能。近年来，物联网已广泛应用于各级各类图书馆，为图书馆工作提供了便利，也提升了图书馆服务效益。随着智能互联网的兴起，物联网更显示出其重要作用，它为智慧图书馆发展提供了基础设施和技术保障，促进了人、物、网之间的交互与融合，将现实世界（物理空间）与虚拟世界（网络空间）结合起来，为图书馆创新服务开辟了新途径。

1. 物联网应用于借阅、查询馆藏业务

智能化、自助化、无人化是物联网未来的发展方向。图书馆运用RFID技术，可以实现图书的存储、查询、借阅、归还、转借、推荐等综合管理服务，让用户能通过自助服务和自助管理完成图书馆的一切服务工作。相比传统的条码加磁条方式，RFID技术具有防水、防磁、耐高温等特点，在盘点、查找和保护图书方面具有明显优势，而且它的技术在推进图书馆业务重组、自动化发展及服务效益方面具有革命性的影响。它的解决方案主要包括以下三个方面。

第一，智能书架方案。RFID技术实现了在架图书单品及物品的识别，可完成馆藏图书实时监控、清点、图书查询定位、错架统计、自助借还等功能，还可以快速完成图书精确定位和快速检测。智能书架系统实现了书架上文献的实时扫描、记录和更新，具备文献的自动识别、快速清点功能，有利于强化文献的流通统计，归还文献的快速定位，有效降低文献的错架率，提高图书管理人员的工作效率，真正意义上利用RFID技术实现了图书定位管理。它能够实时将每本书定位到哪一层，图书馆馆员可以利用顺架软件系统，轻松完成费时费力的排架工作。而相对于用户而言，他们可以利用手中的智能设备，清楚地了解到某本书的具体位置，有效节约用户借阅的时间和精力。智能书架是RFID技术与图书馆系统的无缝集成，为提高图书管理效率、减少图书馆管理成本提供了更加高效的途径。

第二，自助借还方案。自助借还系统是建设智慧图书馆的核心应用之一，它可以方便、快捷、高效地完成借还书的全部流程，并提供24小时全天候服务，帮助图书馆在有限的人力资源下提高流通速率、简化借还流程，提升服务品质，实现无人化服务。图书馆RFID管理系统接入互联网之后，更是增强了图书馆自助借还功能。它将图书馆实体资源转化成数字资源后进行联网，可以实现系统的远程访问和在线咨询服务，用户利用智能上网设备在任何地方都可以访问图书馆网页，并通过自助借还系统，将心仪的图书借到自己的书架阅读，并可以进行标注、评价及圈点等，还可以进行推荐，让更多用户读到此书，最大限度地发挥该书的利用价值。此外，图书馆RFID管理系统还可以实现图书资料的实时监管，通过收集用户借书行为的数据，可以了解用户阅读行为及习惯，还可以了解图书资料的利用情况，并利用这些数据来优化图书馆资源管理，进一步提升图书资源利用率。

第三，智能馆藏方案。RFID作为一种非接触式自动识别技术，可以通过射频电磁波来对目标进行跟踪和识别，实现物品间无接触信息传递。它的这一优势最适合越来越繁重的图书馆馆藏工作，即可以利用射频标签、阅读器、应用系统等实现一个高效、快速、智能的智慧馆藏解决方案。首先，运用RFID可以提高图书借阅速度及图书馆藏速度。RFID利用其非接触、无视觉识别、多标签识别等特性，可以实现远距离监测、图书快速与批量进入馆藏，避免了传统图书馆藏"一书一码一扫"的烦琐过程，在一定程度上提升了馆藏图书入库借阅效率。其次，运用RFID可加速馆藏图书盘点作业。RFID应用于馆藏图书以后，馆员可以利用手持阅读器一次性读取贴有射频识别标签图书的全部数据，可轻易寻找及分辨书架上的书籍，在不影响正常工作的情况下，完成盘点和顺架工作，从而减少大量人力、物力、时间及财力的消耗，提升了图书盘点效率。最后，运用 RFID 可提高图书安全性，便于馆藏管理智能化。RFID 电子标签具有可读写功能，其电子数据可根据需要记录各种信息，如书名、架位、馆藏地点等。它与互联网相连后就可成为数字馆藏资源，即可以实现馆藏资源的智能化管理，用户可通过网络了解具体的馆藏信息，从而有目标、有方向地借阅图书资料。由此可见，物联网技术应用于图书馆智能馆藏，可实现图书分拣、高效盘点及自助借还活动，有效提升图书管理效率，简化图书管理流程，降低图书管理人员的劳动强度，从而促进图书馆向智能化、现代化方向发展。

2. 物联网应用于数字网络建设

物联网能够将图书期刊资源、各类数据库资源、机器设备信息资源、楼宇自动化信息资源、人力信息资源等连入互联网中，并以数字网络接入云端，实现图书馆数据资源的互联互通、数字文献资源的共建共享及纸质文献资源的通借通还。其解决方案主要包括以下三个方面。

第一，基础设施感知层。基础设施配备是物联网应用于数字网络所需的必备条件，主要包括硬件设施和软件设施。其中硬件设施包括计算机、智能手机、感知设备、存储设备、计算设备、多媒体、Wi-Fi、ZigBee 等；软件设施包括计算机操作系统、自动化应用软件、虚拟设备软件、设备管理软件等。这些设施有利于资源存储、数据收集、信息传递，可以将物理图书馆变成虚拟图书馆，进一步拓展图书馆服务的时空范围，构建虚实结合、全方位、立体化的图书馆数字网络服务系统。

第二，数据资源网络层。数据资源主要包括一些感应数据、用户数据、资源数据及业务数据等。感应数据是指通过传感器收集的数据资源，如门禁、借阅、访问、查询及咨询等数据；用户数据主要包括用户的基本信息，如身份证号码、姓名、性别、住址及联系方式等；资源数据包括图书管理系统中的书目数据、条码，以及通过射频识别技术搜集而来的馆藏文献数据和所有数据库数字资源数据等；业务数据包括图书馆开展的培训活动、专题讲座、召开的会议，以及远程服务和阅读推广等日常工作中所搜集的数据。图书馆利用物联网技术将这些数据资源联网并存储于网络云端，不但可以节约图书馆的存储空间，而且可以利用网络来获取、传递、处理和交互信息，使图书馆数字资源能够得到充分利用，为用户提供方便、快捷、高效的资源获取途径。

第三，用户服务应用层。应用层是物联网应用于图书馆的终端体现，也是检验用户获得感最直接的层级。物联网智能处理技术能够实现信息资源的识别、获取、利用、分享和控制，为用户提供多元的信息资源服务；同时，也能够根据用户画像、需求分析及点击频率等为用户提供精准推荐、个性服务和特色定制等服务；另外，还能够利用微博、微信、QQ、博客等新媒体交互平台，实现图书馆与用户之间的双向交流和互动反馈，打通图书馆与用户之间的交流通道，提升图书馆服务水平和管理效能。

3. 物联网应用于用户行为管理

用户管理是一项庞大而复杂的数据工程，也是影响图书馆服务效益的关键因素。物联网应用于用户信息、用户行为、用户需求管理，不但能够解决用户使用图书馆资源的困扰，而且能够解决图书馆个性化资源配置服务的难题，对用户和图书馆都具有划时代的意义。

第一，用户信息的智能识别。物联网的相关技术将用户信息由静态化转变为动态化，将用户信息存储于图书馆服务管理系统中，通过智能识别工具（如手机、iPad、扫描枪等）扫一扫二维码，就可以调出用户的相关信息；或者将用户证件（如身份证、图书证、护照、中华人民共和国往来港澳通行证、台湾居民来往大陆通行证、驾驶证、行驶证等）上传至管理系统，通过证件识别仪器进行身份识别；也可以将用户信息输入服务器端，通过人脸识别技术提取用户相应信息。物联网是目前最普及的用户信息智能识别技术，它操作方便快捷，而且简单实用，是互联网应用于图书馆的最佳表现。

第二，用户行为的泛在服务。图书馆用户行为包括线下和线上行为。线下行为包括用户进馆频率、在馆活动、阅读选择、自主借还及停留处所等能反映用户习惯、兴趣、偏好等一系列现实活动轨迹；线上行为包括用户进入门户网站频率、点击网页数、浏览停留时长、下载转发活动及圈点评论等一系列网上活动轨迹。物联网通过自动识别、自动感知和自动定位等技术将用户行为进行锁定，并提供泛在化服务，无论用户身在何处、利用何种设备，在任何时段都可以向图书馆发出指令，从而得到相应的服务和帮助，可见物联网对用户行为的识别为图书馆泛在化服务提供了机会和条件。

第三，用户需求的个性服务。个性化是基于用户需求而提出的新型服务手段，也是各行各业提高服务效能的重要指标。物联网为用户个性化需求注入了动力，也为图书馆个性化服务提供了机遇。物联网被引入图书馆以后，使图书馆具有数字化、网络化和智能化的特征，可以随时查看资源利用情况、捕捉用户信息需求、分析用户行为数据和推送动态数字资源等，为用户打造一个安全、共享、智能化的数字环境，并激发用户发挥其主观能动性去进行自我服务、自我管理和自我创新。物联网将图书馆、用户和互联网联为一体，使各种信息透明公开，用户只要有需求，就可以利用互联网发出指令，图书馆会迅速捕捉到，并以最快的方式给予回复，满足用户即时即用的个性化需求服务。

4. 物联网应用于安防保障服务

安全保障工作是所有图书馆都非常重视的一项工作，除日常的防火、防盗、防潮和防意外等工作外，它还包括数字资源保存、用户信息保密和系统网络保护等安全维护工作。物联网给图书馆安防服务工作提供了保障，它主要应用于楼宇管理、消防报警和数据监控等方面。

第一，楼宇管理系统。智能化的楼宇控制和管理系统已广泛应用于各类图书馆，它利用物联网自动控制功能来代替日常运行维护工作，不但可以减少日常运行工作量，而且可以减少设备失控或损坏的情况，实现全面节能、监控、维护和管理等优势，降低人工干预与自然损耗的概率。它主要包括灯光控制、空调控制、水电控制及安防门禁控制等，为图书馆提供一个合理、高效、节能和舒适的内部环境，保障图书馆日常工作的顺利运行。

第二，消防报警系统。消防安全工作是图书馆工作的重中之重，运用物联网技术建设高效、安全、敏感、精准的消防报警系统已成常态。图书馆消防报警系统主要由触发器、火灾报警器和联动输出器及其他辅助器组成，具有提前预警、感知火情、辨别火势、记录火灾部位和时间等功能，利用声或光通知人员疏散和进行灭火工作，最大限度地减少图书馆的人、财、物的损失。随着物联网不断升级发展，智能物联网消防报警系统正推动智慧消防朝着更好的方向发展，图书馆未来的消防保障将得到进一步的加强。

第三，数据监控系统。物联网技术将图书馆的实体资源转化为数据资源，并用网络连接起来，实现了图书馆资源的共建共享，但这也意味着数据安全存在着很大隐患。图书馆利用物联网技术加强数据监控，这是保障数据安全的重要举措，主要包括对资源数据版权保护的监控、对用户隐私数据保护的监控、对网络病毒攻击的监控等，从而为图书馆提供一个安全、可靠的数字运行环境，避免因恶意下载、匿名盗用或非法篡改等行为造成图书馆数据信息损失。随着网络安全技术水平的提升和人们对网络信息安全意识的觉醒，图书馆数据安全工作将做得越来越到位。

二、云计算和大数据

云计算和大数据是互联网时代不可或缺的两项技术指标,经过十几年的演变发展,已成为互联网发展的"两翼",发挥着不可替代的作用。它们犹如一对孪生兄弟,彼此依赖、相互促进,推动着信息社会快速发展,为社会生产和人们生活作出了巨大贡献。

云计算作为一种动态可扩展的计算模式,在资源方面被称为动态分配的计算机系统资源池。它集软件、平台和服务于一体,通过虚拟化设备,如服务器、网络、存储及应用等,实现统一管理和按需分配,以公有云、私有云、社区云和混合云等形式部署,进行云存储、云服务和云物联,从而节约成本,改变服务方式,提升存储能力,实现远程访问。

大数据是指容量庞大、种类繁多、结构复杂和容易获取的海量数据,它主要产生于人们的现实生活,如社交网络、科学仪器、移动通信、传感数据、医疗及商务数据等。它们拥有潜在的商业价值,通过对大数据进行采集、存储、处理、分析、利用,可以将其隐性价值转变为显性价值,从而推动人类社会的发展。

基于云计算的大数据分析是IT界和工业界的热门话题,其融合了云计算和大数据的技术优势。其中,云计算相当于硬件资源的虚拟化,大数据相当于海量数据的高效处理,它们是静与动的关系,二者相结合,体现出强大的计算能力和数据存储能力。云计算为大数据提供可延展的技术设施,大数据为云计算的建设和运作提供决策支持。因此云计算和大数据的融合可以推动社会向虚拟化和自动化发展,从而促进智慧社会的形成。

(一)云计算和智慧图书馆的关系

云计算是一种基于互联网的计算存储模式,它应用于图书馆中,就形成了云图书馆。云图书馆是指数字图书馆作为一种网络社会基本服务,在云计算技术支持下,以泛在网络平台为依托而成为一种基于信息与知识应用的社会基础设施,它无处不在。云图书馆促使数字图书馆由静态走向动态、由封闭走向开放,扩大了图书馆数字资源的使用范围,提高了图书馆数字资源利用效率,成功促进了数字图书馆向智慧图书馆的升级。

云图书馆主要通过个人电脑网络、手机移动网络、电视网络及其他设备网络实现数字图书馆的云服务。这种云服务具有很强的灵活性和便利性,能够不受时空限制,为用户提供动态信息资源存取服务,不但可以节约图书馆物理空间，降低图书馆投入成本，而且能够提升用户体验感，让用户足不出户就可以借阅到图书馆资料。与实体图书馆相比，云图书馆具备更高效的服务手段和更便捷的服务环境，它对图书馆馆员的要求也更高，需要图书馆馆员依托"云"而非实体图书馆为用户提供服务，这就要求图书馆馆员除具备专业的图书馆知识外，还要懂一些信息技术知识，通过网络来完成服务。云图书馆除提升用户体验感外，还有助于图书馆公共云的实现，就是将不同云图书馆融合在一起，组成一个公共云，任何用户都可以通过公共云来获取资料，而不仅仅局限在本地云图书馆。公共云图书馆消除了信息、知识和业务孤岛，解决了数字鸿沟问题，实现了多层级、跨部门、跨区域的公共云服务，为实现全社会公共文化均等化服务提供了保障。

（二）大数据和智慧图书馆的关系

互联网、社交媒体、物联网、智能终端等无时无刻不在产生数据，人与人、人与机器、机器与机器之间也无时无刻不在产生数据，这就使大数据呈爆发式增长，图书馆的大数据增长也不例外，除常规馆藏资源数据、师生信息数据、借阅检索数据外，还有微信、微博、手机图书馆等每天产生的互动交流数据、咨询评论数据及下载转发数据等，大数据为图书馆带来了挑战和机遇，智慧图书馆为大数据的全面采集、深度挖掘、高效存储和精准推广提供了解决途径，为图书馆创新服务带来了新希望。

智慧图书馆借助大数据体量大、种类多、流转快等优势，可以对大数据进行收集、分类、整理，提炼出有价值的数据信息，通过分析这些数据特征，找出其规律性，并根据图书馆实际情况加以利用，比如通过统计用户检索、借阅、点击和活动轨迹的数据进行分析，找出用户的阅读兴趣点，制定精准、有效的推广策略，适时为用户提供感兴趣的话题或书目推荐。大数据应用于智慧图书馆，改变了图书馆服务理念，使图书馆不再局限在资源服务范围，而是拓展到以用户需求为目标。图书馆主动收集用户数据，从海量的数据资源中挖掘有价值的数据，将这些数据加工整理，剔除无用信息，将精华和精准的数据发送给用户，减少用户面对海量数据茫然无措的问题，提升用户利用大数据的信心和体验感。大数据应用于智慧图书馆还可以解决日益增长的数据存储问题。海量数据只有放到无边无际的网络空间里，才不会出现数据拥堵和存储设备有限的问题，也不用担心数据爆炸问题，因为互联网就是一个无限延展的存储空间，它可以解决图书馆海量数据无限增长的烦恼。总之，大数据在智慧图书馆中的应用将越来越受欢迎，它带给图书馆的不仅仅是思维模式的改变，更是切切实实的服务盈利，且为图书馆提供了更宽广的发展思路。

（三）云计算、大数据在智慧图书馆的应用场景

当前，大数据和云计算的应用在电商新闻媒体短视频等场景中已见惯不惊，当用户对某一项商品、新闻或视频感兴趣时，类似的图片、文字或视频就会自动跳出来，无须用户自己去查找。这种精准推广和精确定位正是大数据和云计算共同作用的结果，使用户能亲身感受到新技术带来的便捷与高效。当来到一个陌生城市，人们只要用网络地图搜索导航，就可以到达任何地方；当看到一个稀奇物品，只要手机扫一扫或拍一拍就能了解它的性质和特征；当遇到一件烦心事，只要用搜索引擎工具查一下，就能找到解决的方法和途径，这一切都交由大数据和云计算去处理，用户只需要等待结果，不必去考虑过程。

云计算和大数据应用于智慧图书馆改变了整个图书馆的服务模式，当图书馆有限的物理场所和硬件设备满足不了日益增长的图书资源和数据信息时，唯有云计算能解决图书馆数字资源的仓储问题，将纸质文献数字化后上传至云端存储，通过指令随取随用，不但可以减少物理仓储空间，而且可以提高资源利用效率。目前，基于智慧图书馆打造的智慧校园平台，通过建设一套全新"开放式"集存储、借阅、管理、服务于一体的智慧平台，可以实现文献资源的通借通还、电子资源的共建共享和信息资源的转载发布，它将各类大数据存储到云端，进行统一的汇总、处理、分析，构建将教师、学生和管理者融为一体的服务平台，实现各业务系统之间、软硬件之间的互联互通和数据交换，使用户使用更简单、师生和校园的融合更紧密，更有利于提升科研教学水平。面向云计算的大数据知识服务情景化推荐是图书馆运用云计算和大数据技术的另一个应用场景，它是将用户情景信息引入个性化推荐过程，结合云计算技术提出的一种大数据知识服务方法，通过计算大数据知识服务用户的情景相似度，构造与目标用户当前情景相似的情景集合，建立基于项目评分情景的评分矩阵，从而实现云计算情景化推荐。由此可见，云计算与大数据在智慧图书馆中的应用已初见成效，随着信息技术的发展，图书馆应根据时代变革和社会需要不断调整服务方式，将新技术应用于服务实践中，为社会作出更大的贡献。

三、人工智能和 5G 技术

人工智能（AI）和 5G 技术是数据经济、社会网络和智能生活发展到一定阶段的产物，完美结合了互联网与移动通信的优势，将引领人类社会迈入无人化、智能化和场景化的智慧环境。从信息社会发展阶段来看，如果说数字化和物联网是信息社会发展的基础阶段，大数据和云计算是信息社会发展的提速阶段，那么人工智能和 5G 技术则是信息社会发展的飞跃阶段，将人类社会推向了第四次产业革命。未来，人工智能和 5G 技术将重塑社会服务结构，构建全面感知、全面智能和广泛互联的智慧服务体系将是未来发展的目标和方向。"AI+5G" 将带给人类颠覆性的改变，促使人类社会向无人化、自动化和智能化的智慧社会迈进。

人工智能是一门结合数学、计算机、心理学等许多学科理论发展起来的新技术。研究人工智能的目标是让计算机模拟人的行为，代替人去思考、工作。人工智能可分为弱人工智能、强人工智能和超人工智能，我们目前处于弱人工智能阶段，它只擅长某一方面的工作，并由计算机程序进行控制，如扫地机器人、预约电饭煲等，只会按部就班地按人类所设定的程序进行工作。2016 年谷歌公司研发的围棋人工智能程序"阿尔法狗"（AlphaGo）击败世界围棋冠军李世石，被认为是人工智能发展史上的里程碑事件。2017 年依靠深度学习成长起来的 2.0 版本的"阿尔法狗"再次击败世界天才围棋冠军柯洁，迎来了人工智能应用发展新元年，掀起了人工智能应用新浪潮，世界各国政府纷纷出台政策支持人工智能研发。我国政府也敏锐地捕捉到这一世界发展潮流，在政府工作报告中一次又一次强调将人工智能作为未来科技发展制高点，将人工智能上升为国家意志。由此可见，人工智能正以势不可当的态势进入人类社会，它的发展前景无限广阔且意义非凡。

"5G 技术"是第五代移动通信技术的简称，是继第四代移动通信技术之后延伸出来的最新一代蜂窝移动通信技术。它具有高数据速率、减少延迟、节省能源、降低成本、提高系统容量和大规模设备连接等性能，将为人工智能、机器学习、视频互动等高速发展提供技术支持，为人们的社会生活、教育文化、消费娱乐和社交方式带来智慧化的改变。由 2G（文字信息传输）到 3G（文字+语音通话）再到 4G（文字+语音通话+上网+视频），5G 是它们之后的延伸，5G 的通信速度更快、带宽更大、可靠性更高，可以和任何设备接入，其虚拟现实和增强现实、超高清视频、智能场馆及区域联盟协同服务等新技术应用场景将支撑各行各业创新发展。5G技术的应用将打造一个数据化、物联化、智能化的万物互联、人机共生时代，将在科技、文化、教育、医疗等各个领域发挥积极作用，推动社会生活向高质量和高品质的方向发展。

（一）人工智能和智慧图书馆的关系

近年来，人工智能所依赖的大数据、运算力和深度学习取得了长足进步，这为人工智能的实践应用提供了基础。图书馆作为一个人员密集、劳动强度大、业务涉及面广的单位，急需人工智能的助力。互联网的发展为人工智能在图书馆的应用提供了条件，人工智能将重构图书馆结构，在基础设施、技术驱动和应用场景等方面提供虚拟、智能和精准化服务。人工智能应用于智慧图书馆将打造一个智能互联图书馆，机器人将代替人工进行服务，服务流程将变得智能自动，无馆员图书馆将成为未来趋势，一个新兴的无人化、数字化、场景化、个性化和智能化的图书馆将呈现在用户面前。

智慧图书馆与人工智能相结合，将变成一个万物感知、万物互联和万物智能的大智能图书馆，"互联网+"赋予图书馆连接一切的功能，人工智能赋予图书馆万物智能的功能，二者结合将突破以往简单的互联互通，升级成智慧图书馆。届时图书馆将实现虚拟现实的全息场景，无论是沉浸式体验，还是瞬间信息捕捉，人工智能都能为我们提供自动化的服务技术、多样化的服务路径、智能化的服务数据、共享化的服务资源和智敏化的服务管理。人工智能所具有的虚拟现实和智能感知等核心技术为智慧图书馆提供智能体验和智慧服务，满足用户深度学习、数据挖掘及网络爬虫等知识需求服务。智慧图书馆将依托人工智能技术构建起大智能图书馆。首先，在资源共享中汇集公众智能。即利用人工智能拓展知识服务类型、提升知识服务质量，让用户享用知识的同时，衍生出新的知识产品，服务更多用户群体。其次，在知识服务中肩负社会责任。人工智能提升图书馆智慧服务能力也为图书馆拓展社会业务提供了可能，通过嵌入式学科服务、情报数据服务及知识资源智库服务等，强化图书馆服务功能，提升图书馆服务能力。最后，在需求发现中推动管理优化。图书馆不断根据用户渐进式需求，优化自身智能化服务环境，在认知需求和知识服务中寻求最有效的智能管理手段，不断升级服务层次和创新服务理念，必将推动图书馆向智慧共同体方向不断发展。

（二）5G技术和智慧图书馆的关系

5G是智慧时代的一项重要支撑技术，为智慧图书馆提供基础性服务，在感知、传输和计算方面为图书馆提供高速度的传输率、泛在化的网络连接、低功耗的成本投入和低时延的信息传递等，使图书馆得以实现超高速多媒体应用、智能楼宇空间服务和增强现实场景等。5G开启了万物泛联、人机交互的新时代，使虚拟现实出版、短视频创作、超高清传递和智慧场馆等图书馆业务变得更加智慧，不但可以满足用户智能化、高效化的信息需求，而且可以为用户提供跨终端、多场景的沉浸式体验，并降低优质内容获取的难度和终端成本，让图书馆由实体服务转变成真正的虚拟服务，适应用户不断变化的信息感知与知识获取需求，实现文献、信息和数据的实时智能服务。

  智慧图书馆为5G技术的应用提供了机会和条件。以4G为基础的移动互联网技术已能满足RFID传感、人脸识别、智能定位和实时推送等服务，而基于5G技术的无感借阅、超清影视、智慧场馆、云课堂、智慧阅读及区域协同服务等还有待突破。5G的到来，意味着用户网络停留时间更长、碎片化阅读更多、媒体社交更频繁。这也意味智慧图书馆不能仅仅停留在数字网络服务方面，要更多考虑提升用户阅读体验服务，给用户提供一个全方位、立体式和沉浸式的智慧虚拟图书馆，其里面犹如一个应有尽有的真实图书馆，用户本人虽不在图书馆，但可以使用图书馆提供的资源、设备和智力服务。智慧图书馆与5G相结合的阶段将是图书馆发展的一个飞跃阶段，届时图书馆资源体系将以文字、图片、声、光、电、音、影等场景的虚拟形态体现，调动用户所有的感官去体验图书馆的无穷魅力；开放、自由和便携式的体验设备将用户带入虚拟场馆去感受丰富多彩的知识世界；机器学习、知识图谱和可视化设备将为用户提供智慧感知、智慧获取和智慧分享，协助用户创造出更多的知识产品。

  总之，AI和5G技术双核驱动着智慧图书馆的发展，促使智慧图书馆由万人互联向万物互联迈进。它们犹如两把钥匙，共同开启了智慧图书馆发展新阶段，构建起新一代图书馆服务平台，驱动着图书馆服务的创新变革，使得交互服务、智能服务、智慧服务成为图书馆服务新常态。"AI+5G"构建的人机协同服务新模式将为图书馆带来能量倍增的效力，各种新场域、新技术和新应用将成为图书馆追逐的新目标和新动力。

（三）人工智能、5G技术在智慧图书馆的应用场景

  "AI+5G"对图书馆来说是比互联网、大数据和云计算更深层次的服务技术，它推动着智慧图书馆向更智慧化的方向发展，构建融资源、空间、用

户为一体的智慧图书馆新型平台。"AI+5G"为图书馆带来颠覆性的创新，其全面智能、全面感知和广泛互联的特征将开辟智慧图书馆创新之路，"AI+5G的图书馆"应用场景主要体现在以下四个方面。

1. 虚拟和增强现实的阅读场景

"AI+5G"最重要的呈现方式就是虚拟现实和增强现实技术，它可以让用户足不出户通过穿戴设备就能进入让人身临其境的虚拟图书馆畅游书海，还可以让用户处在安全的现实环境中去学习和研究危险的知识，既不用担心身体受伤害，又可以掌握尖端知识。5G技术高速率、低时延和超大连接的通信传输速率使虚拟现实和增强现实场景更加逼真，其高度仿真的三维立体场景让用户感受不到虚拟环境的缥缈，反而感觉到沉浸式阅读的真实性。如果用户要进入一家虚拟书店，只需鼠标点击进入，就能体验到真实书店的感觉，鼠标移动就相当于人在书店里走动，可以取书、翻书和阅读，拥有在真实书店阅读的一切感受。

"AI+5G"技术还可以为用户提供跨终端多场景服务，根据用户感官需求和行为偏好，为用户打造一个混合场景服务。无论用户在家里、学校、社区，还是在公共交通上，只要戴上小巧灵活的VR设备，就能迈入一个和实体图书馆一样的阅读环境，用户不用受移动终端和网络卡顿的限制，可以随时、随地、随意地享受混合阅读场景带来的愉悦。这种虚拟图书馆不但有立体、形象的再现文字、图片、视频场景的虚拟形态，而且还能让用户参与互动，通过语音识别与用户交流，让用户真实拥有到虚拟场景带来的真实感受。"AI+5G"技术打造的混合场景服务除提升用户沉浸体验层次外，还能降低优质内容的获取难度和终端成本，目前已有一些图书馆在尝试这种服务，比如福州图书馆"海底世界"的VR/AR创新阅读体验馆，让孩子们戴上VR眼镜，就能感受到置身于海底世界的奇妙体验，通过身临其境的感受去了解鱼类的生活习性。总之，"AI+5G"技术打造的虚拟现实和增强现实的阅读场景将成为图书馆智慧服务的未来方向，它将随着科技的发展变得越来越现实。

2. 超清视频或无人机的远程互动直播

5G与超清视频技术融合将助力大型远程直播的实现。智慧图书馆借助5G网络高速率、广连接和低时延等特性，不仅可以使直播画面更清晰、直播更流畅，而且能让用户得到更直观、更场景化的沉浸式视听体验。图书馆可以通过"AI+5G"技术举办各种活动、会议，通过多点定位的摄像及无人机拍摄对大型直播现场进行远程传输，使远在千里之外的用户也能感受到现场气氛，并像现场观众一样参与活动、进行互动。这不仅可以解决因人员集聚而难以安排食宿的问题，还可以让更多用户参与到活动中来，提升活动的覆盖面。"AI+5G"带来可靠、稳定、安全的融合视频传输，解决了超高清视频大数据量传输问题，并驱动媒体融合创新，为构建一个开放、合作、共赢的超高清产业生态圈创造了条件。智慧图书馆只要抓住机遇，充分利用"AI+5G"技术助力，就能在时代发展潮流中站稳脚跟，紧跟产业发展步伐，进入新一轮黄金发展期。

3. 智慧或智能的虚拟学习环境

移动互联网技术的发展促使虚拟学习流行。用户只需一部智能手机，在任何闲暇时间、在任意地点都可以进行学习，而"AI+5G"技术的发展，使虚拟学习更上一层楼。人工智能技术打造安全、有效、便捷的虚拟学习空间，它通过人脸识别技术对用户身份进行认证，并智能收集和分析用户的检索和借阅记录，分析用户网络活动轨迹，为用户提供人性化的虚拟学习空间，如美国康奈尔大学图书馆开发的"我的图书馆"系统，通过自动识别用户兴趣、智能过滤信息和推送信息等功能，为数字图书馆个性化服务提供支持。5G技术则让用户进入了一个拥有无线网络容量的体验环境，它催生了更多应用场景，可以容纳更多设备连接，使万物互联成为可能。例如，5G智慧书屋为用户提供了个性化空间服务和资源配置，在资源索取、交互及环境控制等方面提供服务，打造智能的"市民大书房"，用户只需在人脸识别机器上进行会员注册，就可以进入虚拟智慧书房，通过自助寻书、看书、借书和购书，利用微信扫码，就可实现一键借书或购书。5G的优势特性完全可以支持用户的一系列操作，使其感受到与实体空间环境一样的便捷。"AI+5G"打造的智能和智慧虚拟学习环境，不仅可以节约图书馆的成本投入，而且可以提升图书馆服务的覆盖面，是未来智慧图书馆的主要服务手段。

4. 机器人与人机协同的智慧服务

机器人服务在图书馆的应用已见惯不惊，从清华大学图书馆的聊天机器人"小图"到浙江宁波大学图书馆的导引机器人"旺宝"，可见机器人的应用为图书馆带来了优质服务。5G通信技术的应用，促进了新一代智慧服务机器人的升级，其智能交互、自主运动及智能环境感知等本体功能得到进一步的增强。同时，智能终端业务办理和自主服务能力的提升也极大丰富了人机交互体验，为智慧图书馆开创了新的应用场景。

新一代智慧服务机器人借助5G网络可以实现以下三个功能。第一，通过智能对话获取用户意图。机器人在发现用户进入网点后,利用个性化的迎宾方式接待用户,并与用户开展互动对话,领会用户意图,为用户提供合理的决策选择及业务办理方案,提高用户服务效率。第二,与其他智能设备互联互通。机器人在信息共享基础上与图书馆各类智能设备联网,当捕捉到用户需求时,可以第一时间将信息传达给其他设备,共同为用户提供服务。第三,形成人机协同服务。机器人将人脑智慧和机器智慧融为一体进行人机协同服务,即将人、物、设备、环境、事件全面协同,在优化服务流程、解决复杂问题、提供个性化服务等工作中发挥综合效益作用,实现图书馆智能化管理。

综上所述,人工智能、5G技术在智慧图书馆的应用场景是非常宽泛的,它将产生更多元的、更快捷的高速连接与场景感知,并且其智能交互与虚实融合的表现形式将得到广泛应用。新一代智慧图书馆平台将融合"AI+5G"技术变得更智能和智慧,也将会产生更为复杂的衍变、更新和迭代。

第三节 智慧图书馆服务的内容

智慧图书馆智慧服务中离不开理念指导、技术支撑、资源共享、知识创新和行业互助等关键因素。智慧服务是图书馆走向智能化发展道路的必然趋势,它不仅包含图书馆物理场馆、设备、空间、网络的智能化变革,而且包含图书馆文献、信息、知识和智能服务的转型升级。未来图书馆智慧服务更趋向于平台提供、数据分析、知识加工、个性推送、用户体验等创新服务,挖掘用户潜能、激发用户动力、开启用户智慧和提升用户创造力将是其着力点,而转知成慧将成为它的最终目标。对用户来说,图书馆借助互联网由被动服务转变为主动服务,追踪用户轨迹、把握用户需求、挖掘用户潜力、激发用户创新,将用户隐性知识转化为显性知识,进而创造社会价值。对图书馆自身来说,图书馆将改变传统的依赖图书馆场馆、设施、图书资料、文献信息等实体服务的模式,更多依赖以互联网及新兴技术为支撑的智能虚拟服务,图书馆也将由实体图书馆转变为虚拟图书馆、绿色图书馆或智慧图书馆。因此,智慧图书馆智慧服务在资源环境、空间布局、服务手段、知识创新及跨界融合等方面需要不断升级改造,借助新兴科技力量提升图书馆新型服务能力,才能让图书馆沿着"实体—数字—智能—智慧"方向发展,最终实现高效、便捷、开放、融合和创新的智慧图书馆。

一、开放的资源环境

互联网包含开放、自由、创新、平等、协作、分享六大理念，这六大理念是网络文化的内核和价值观。互联网颠覆了传统，方便了人类交流和沟通，加强了人与人之间的情感交流，使信息传输和消息传递变得迅捷而便利。依托互联网精神而变革的图书馆智慧服务也需要一个自由、平等、免费的资源环境，才能创新图书馆服务理念，为图书馆注入新的活力和生机，让图书馆走得更快、更远。

（一）自由浏览资源

智慧图书馆实现了静态数字资源向动态网络信息的转变。图书馆文献信息资源存储不再局限在建筑物理空间范围内，而是向更广泛的网络虚拟空间拓展，用户只需一部能上网的智能手机，就可以在任何地方、任何时候浏览图书馆的信息资源。但目前受图书馆管理及知识版权限制，很多时候图书馆仅仅服务于本馆特定的注册用户，比如大学图书馆仅服务于本校师生员工，公共图书馆仅服务于本市市民，而没有覆盖更多用户和更广范围的人群。如何提高资源利用率来服务更广泛人群，是智慧图书馆智慧服务区别于传统图书馆首先要解决的问题，具体可以从以下三个方面入手。

第一，整合资源类型。智慧图书馆信息资源包括两类：一类是本馆数字化资源，如本馆馆藏资源、商业数据库、自建数据库、数字化资源等。这类数字资源具有专业性、规范性和封闭性的特点，整合这类数据需要优化资源组合、加强数据融合、重构服务系统，通过对数据、信息、知识等资源的规范和统一，形成标准化、易操作和可检索的新资源，提升用户对数据资源的利用率。另一类是非本馆资源，如网络资源、开放获取资源、试用数据库资源及其他动态信息资源等。这类数字资源具有散乱性、复杂性和易逝性的特点，整合这类资源相对比较困难，需要通过专业软件工具的辅助、图书馆馆员长期不断的积累和收集。虽然难度大，但其利用价值是无法估量的，对补充馆藏资源信息具有重要作用。因此，图书馆通过数据资源加工、分类和整合，可以将各种各样纷繁、复杂的数字资源统一标准，形成规范的可供检索的数字资源，为用户提供内容新颖、来源丰富、种类完善的文献信息服务，使用户能通过网络进行浏览和利用资源。

第二，简化注册流程。互联网之所以受广大用户青睐，其最大优势是开放性，即任何人（不分年龄、性别、种族、地域、社会角色）都可以自由上网浏览，而且不需要一系列注册手续。如果智慧图书馆在资源浏览方面能效仿互联网的做法，那么就可以不断提升人气、吸引用户和提高资源利用率。当前数字图书馆为了保护知识产权和数据资源安全，都会设置一系列注册手续，限制用户行为和权限，虽然这在一定程度上保护了图书馆信息资源安全，但也降低了用户使用图书馆数字资源的意愿，因为一系列烦琐的注册手续将占用用户太多时间和精力。如果考虑排除恶意下载和病毒入侵等卑劣行为，图书馆仅将权限公开至用户浏览检索这一级，必将取得较大进步，这样可以让用户不需要注册就可以检索和浏览到图书馆的数字资源，如果想进一步深入了解信息资源，就需要完成注册、认证等流程和手续。图书馆只有简化一系列注册流程，才能吸引更多用户使用图书馆资源，因为相对于纷繁复杂的网络资源，图书馆资源更具权威性和专业性，我们相信任何一个想在短时间内找到最佳检索答案的用户都希望得到专业、细致的解答，而不是在一大堆无用信息中去寻找"最佳"答案。

第三，开放资源权限。智慧图书馆强调资源共建共享，这种共建共享不仅是图书馆与图书馆之间的资源合作共享，而且是用户与图书馆之间甚至是用户与用户之间的资源传递与交换，但图书馆为了维护自身利益往往设置了很多资源获取权限，比如非本馆读者不得进入图书馆资源系统、非本馆人员不得进行资源提供和修改，这必将限制用户获取和使用资源的权利，也很难让有限的资源服务无限的用户。如果图书馆开放一些有利于大众普世教育的公共文献资源利用权限，让用户去利用、转发、传播和创新，将静态数字资源变成动态信息资源，使资源得到不断更新、丰富和发展，这不仅将让更多用户受益，而且图书馆也将更好地实现自身为社会服务的价值。因此，开放权限、服务大众、方便利用、广泛传播是图书馆智慧服务的重要组成部分。

（二）平等利用资源

图书馆作为一个公共服务事业单位，有权利和义务为所有用户提供平等的资源利用服务。这种平等服务，既包括为各类人群提供服务，又包括为各个地方提供服务。智慧图书馆为实现全社会公民平等利用资源提供了机会和条件。一方面，开放网络使任何人都可以获取资源，图书馆依托互联网将数字资源存储到云端服务器，为保障公共文化服务的公平性，理应对全社会公民开放使用，但出于版权保护和信息安全考虑，不得不设置一些限制条款，这样就使一小部分人能自由享受到公共文化服务,大部分人因各种原因而被限制使用。如果改变思维,让大部分人可以自由使用信息资源,而只是限制一小部分人使用,那图书馆将大大提高信息资源利用率,使有限的资源服务无限的用户,图书馆的社会价值也将大大提高。另一方面,泛在网络在任何地方都可以获取资源,而数字鸿沟、城乡差距、地域限制等因素一直是实现公共文化服务均等化的阻碍,使贫困地区、落后山区享受不到公共文化服务产品。而智慧图书馆依托互联网建立的全网数字资源化解了地域差距引起的这一矛盾。只要图书馆有服务全社会的勇气和决心,就可以将数据资源通过网络延伸到社会的任何一个角落,即只要有网络的地方,就有图书馆的服务,就能为用户提供力所能及的信息资源服务。因此,智慧图书馆平等利用资源也是智慧服务的一种体现,它不仅仅代表图书馆的服务形象,更代表图书馆的一种责任和担当。

(三)免费获取资源

公益性是图书馆的基本属性,特别是在2018年初颁布的《中华人民共和国公共图书馆法》中明确规定公共图书馆应当本着平等、开放、共享原则,免费为社会公众提供基本服务,并鼓励支持其他类型图书馆向社会公众开放服务等。智慧图书馆主要是通过数字阅读向公众提供服务,相比当前比较流行的微信阅读、豆瓣读书、网易云阅读、微博阅读等阅读平台,图书馆数字阅读还处于弱势地位。要在无线网络不断普及、移动阅读越来越方便、阅读时间越来越长的数字阅读时代抢占数字阅读推广的先机,图书馆就要提供大量免费、长效、深度的数字阅读资源,吸引用户从短、平、快的浅阅读向更专注、深刻的深阅读转变,这样才能展现图书馆系统性、知识性和专业性的优势。图书馆应该为用户提供一些免费资源,主要有以下三类。一是科普类阅读材料。这类读物具有较强的知识性和专业性,对开发智力和创新知识具有重要意义,免费开放这类读物,对开阔用户眼界、扩大用户知识面,提升用户专业素养很有帮助。二是经典类阅读材料。经典作品是经受过时间考验而保存下来的、具有经久不息生命力和影响力的优秀作品,对提高用户自身修养和提升全民素质具有积极意义,通过阅读经典,可以启迪智慧、塑造品德、规范行为,为全社会营造一个健康有序的和谐环境。三是生活类阅读材料。这类材料可以指导用户掌握日常生存和生活技巧,教会人们改善观念、热爱生活、陶冶情操、珍惜生命,具有普世性价值和意义。若智慧图书馆为用户提供方便、快捷、易于阅读的免费资料,使用户在开放的阅读环境中有自由选择的权利,则可以帮助用户在知识应用的过程中创新知识、提升智慧,转知成慧。

二、交互的共享空间

随着新技术的发展,图书馆正由传统、固定的物理空间向无限延展的虚拟空间发展。空间服务已成为智慧图书馆智慧服务的前驱,引领图书馆空间服务的变革和升级,构建人与人、物与物及人与物之间交互的共享空间是图书馆智慧服务的未来发展目标。开拓基于"互联网+"的信息资源共享空间、知识学习共享空间、创客服务共享空间、公共文化共享空间等是拓展图书馆服务边界的有效途径。图书馆空间服务最终目标是建立相辅相成、彼此协调的虚实交互服务空间。

(一)信息资源共享空间

信息资源共享已在图书馆中应用多年,成为图书馆服务中不可或缺的组成部分,特别是随着互联网的发展,图书馆与图书馆之间、图书馆与其他机构之间的交流协作变得更加便利和频繁后,信息资源共享活动变得更加活跃。智慧图书馆要拓展信息资源利用率,最大限度满足用户对信息资源的需求,就需要不断拓展信息资源共享空间。所谓"信息资源共享空间",是指"以数字化信息资源为背景,通过对图书馆技术、资源和服务的有效整合,为信息供需双方设计的一个协同工作空间"[①]。这种共享空间不仅体现在本馆馆藏资源不断得到更新、整合和补充,而且也体现在外部资源对本馆资源的不断充实和丰富。即图书馆既要拓展本馆信息资源空间,又要拓展非本馆的网络信息资源空间,为用户提供一个弹性的信息资源共享和交流空间,而用户通过这个空间,可以完成对信息资源的下载、利用、评价和分享,也可以在此基础上独立创作新资源,或与志趣相投的爱好者协作完成创作。因此,信息资源共享空间为用户提供了一个广阔的资源利用和分享天地,他们不再局限于从图书馆来获取信息资源,而是可以向更多资源提供者获取,而图书馆则协助用户获取或共享更多信息资源,开辟更宽广的资源获取空间,展现其智慧服务本质。

---

① 郭隆霞、巩玉金:《公共图书馆信息资源共享空间建设探究》,《才智》2017年第16期,第240—241页。

（二）知识学习共享空间

相比信息资源共享空间而言，智慧图书馆知识学习共享空间层次更高级，前者着重于"物"的考虑，而后者着重于"人"的考虑。针对用户需求的知识学习共享空间更强调为用户提供一个与学习有关的空间环境，这种空间环境不仅包括实体学习共享空间，而且包括虚拟学习共享空间。实体学习共享空间在传统图书馆中就已具备，并发挥了相应的作用，如为用户提供面对面的学习探讨场所、为用户研习提供专门的服务场所、为用户作品创作提供特殊的展示场所等。虚拟学习共享空间是近年来图书馆重点拓展的业务，利用互联网新兴技术，为用户打造一个虚拟现实（VR）、增强现实（AR）、混合现实（MR）的场景式知识学习空间，让用户能通过虚拟网络获得现实感、场景感和参与感，提升自身真实的学习体验，并通过网络向其他用户分享这种感受，让更多用户参与进来。虚拟学习共享空间相比实体学习共享空间更节能环保，更注重用户自身学习感受和效果，更多考虑用户在线学习的便利性，面向用户提供学习指导和帮助，激发用户创造创新服务环境等。因此，智慧图书馆知识学习共享空间更偏重于促进用户知识创新与共享行为的发生，最终实现用户个体与群体知识的不断创新与更新，满足用户个体专业成长的需求。

（三）创客服务共享空间

创客服务是指图书馆为用户创意、创业提供平台支持的服务，阿里云发布的"创客+"给创客提供从开发组件、分发推广、办公场地、前后期投资到云服务资源的系列创业扶持，这是创客服务的初步尝试。智慧图书馆提供的创客服务共享空间，就是通过部署线上线下互通平台式创客空间，为高科技领域创新创业用户提供线上线下互动交流和学习、工作空间，形成汇聚大众智慧、虚拟现实行业、跨区域资源整合及市场商业运作的创业集散地。该空间不仅是面向初级创客的教育与体验平台，而且是面向中高级创客的交流、合作、创业平台，它以虚拟社区、技术论坛、开源软件及现场体验为基础，并提供远程技术创新的交流和合作，为"大众创业、万众创新"提供机会和条件。创客服务共享空间是建设创新创业的孵化器，为用户提供工作空间、网络空间、社交空间和资源空间。它可以依托图书馆自身现有的资源和设备，灵活、机动地建设不同类型的创客空间；也可以根据用户个人需求来改造已有的创客空间，让有限的空间资源得到充分利用，为更多创业者和创意者服务；还可以寻求合作伙伴，与其他创客服务单位联手打造共享空间，既可以节约成本，又可以开辟新的创客环境，为用户创意、创新和创业提供更多发展机会。因此，构建一个线上线下、内外合作的全方位、立体式创客服务共享空间，是智慧图书馆智慧服务的重要组成部分。

（四）公共文化共享空间

所谓"公共文化共享空间"，主要指城市第三空间，是指除家庭、办公室之外的第三个地方。这个地方能够为公众带来美的享受与社交机会，使人们在工作之余、碎片化时间之外拥有一个交通便利、免费、舒适、友好的第三空间。智慧图书馆开辟第三空间不仅能够为用户带来认知、反思和感官上的体验，而且能为用户带来深层次的信息、知识和智慧服务，它是对传统图书馆的一种超越。首先，它为用户提供一个安静的公共场所，满足用户终身学习的需要。图书馆不仅保留着一座城市的历史和文化，而且是现代都市人的精神家园和集体书房，它给予用户平等享有公共文化的机会，任何人都可以免费享用图书馆提供的资源、设备和技术服务，也可以在图书馆学习各种专业知识，借助图书馆浓郁的书香气息来提升自身素养，它为用户提供了一个长期免费、无障碍、零门槛的终身学习场所。其次，它为用户打造一个泛在化的虚拟空间，满足用户碎片化阅读的需要。5G技术高速率、低时延和超大连接的通信传输为智慧图书馆打造万物泛联、人机交互的虚拟空间提供了条件，用户通过一部智能手机就可以随时、随地、随意浏览图书馆的信息资源，在等餐、排队、坐车或等人的碎片化时间去浏览或阅读。最后，它与咖啡馆、银行、地铁、酒吧等商业部门合作，满足用户放松身心的需要。图书馆与商业部门合作打造的休闲场所，为用户提供了一个放松身心和公共交流的空间，在这里，他们可以随性地喝一杯咖啡，自由地和朋友交谈，休闲地听一段音乐，从烦琐而枯燥的生活和工作中暂时解脱出来，去放飞思绪、遨游书海和畅谈交流，享受身心的愉悦和精神的放松。

由此可见，智慧图书馆智慧空间服务理念已超出图书馆原有空间布局，其拓展余地更宽更广。它不仅依赖现代科学技术的支撑，而且依赖图书馆人智慧的发挥，利用空间再造拓展图书馆服务边界，并利用网络开创图书馆虚拟空间服务，打造图书馆与图书馆之间、图书馆与用户之间及用户与用户之间的资源、技术、知识及服务共享是图书馆空间服务的主要目标，构建一个开放、平等、免费的绿色环保图书馆是空间服务的基本原则。因此，互联共享的智慧空间服务是智慧图书馆不可或缺的构成要素。

三、智能的服务手段

智能服务是智慧图书馆智慧服务的重要组成部分，它充分利用物联网、云计算、大数据、人工智能及 5G 网络的技术优势，将智能手段融入图书馆服务中，有效提升图书馆服务水平和服务效率。智慧图书馆智能服务通过对网、云、端设施（"网"指广泛连接的信息通信网络，"云"指高效协同的数据处理系统，"端"指全域感知的智能终端设施）的布局，将图书馆业务纳入智能感知、智能管理、智能服务的范畴，实现无人化、智能化和智慧化服务。它主要体现在智能资源服务、智能技术服务、智能需求服务、智能管理服务及智能社会服务五个方面，这五个方面相互联系、彼此交融，共同构建起一个图书馆智能环境，带动图书馆智慧服务整体跃升，推动图书馆事业向前发展。

（一）智能资源服务

资源是图书馆的立足之本，它的数量、质量、类型及存储方式决定着图书馆的服务能力，智能地获取、整合、维护、发布数据资源，对提升信息资源的时效性和利用率具有重要意义。智慧图书馆智能资源服务就是充分利用先进科技手段迅速地捕捉、整合、存储、管理、保存和出版数据资源，将静态的馆藏资源变成动态的信息资源，将开放获取的资源变成本馆规范管理的资源，形成互联互通、共建共享的信息资源服务主体，让图书馆跨越时空限制，使资源服务在互联网上无限延伸，为图书馆带来无限发展契机，智慧图书馆智能资源服务主要由资源采购、自主服务和用户分享三个方面组成。资源采购一方面通过人工智能和大数据分析，精准掌握用户对资源信息的需求，利用在线系统让用户自主完成文献资源的采购任务，并利用系统自动完成审核、验收、编目和存储等业务，减少人工参与和影响；另一方面通过虚拟现实技术对馆藏书目及电子资源进行"虚拟书架"呈现，利用智能呈现代替烦琐的人工查找，既可精确选购数字文献资源，避免重复采购，又可自动完成订购，减少人力支出。自主服务是智能资源服务的主要内容，包括自助申购、自主借还、自主分享等，用户利用图书馆在线采购系统，既可自助采购资源，也可自主贡献资源，并通过自主借还系统或在线网借服务，将自己感兴趣的数字资源加入个人图书馆，利用电子阅读设备完成阅读、标注、摘录、点评、转载等阅读活动，还可对感兴趣的话题发表观点，分享给其他用户，或与其他用户一起深入交流和探讨。这样减少他人干扰，更能调动用户的主动性和参与性，吸引他们更加关注图书资源。用户分享是图书馆利用微信、微博、

QQ等社交工具，发挥用户自媒体传播能力来提升资源利用率，利用明星效应、朋伴影响和熟人社交等手段来分享和推荐图书资源，达到一传十、十传百、百传千的效果。总之，智能资源服务是智慧图书馆最基本的服务手段之一，其效率高低直接关系着图书馆服务效益好坏。利用智能技术提升服务效率，是智慧服务明智的选择，既能减少人力资源成本投入，也能激发用户参与的积极性，是必不可少的服务手段。

（二）智能技术服务

互联网的发展促使智能技术广泛应用于各行各业，与人们生活息息相关的日常事务都离不开智能技术的支撑，智能化服务已成为社会发展必不可少的要素。它带给人们便利的同时，也促进了社会经济发展。智慧图书馆中的用户画像、人脸识别、情景感知及虚拟现实等都是智能技术在图书馆的应用实践，它为图书馆智能服务带来了新体验和新契机，并助力图书馆新业务的不断开辟与创新。

用户画像是指数字图书馆为了深入了解用户特征、预测用户真实需求、激发用户潜在需求等，在一系列真实数据的基础上通过描述用户特征、需求和偏好，构建的目标用户模型。它利用数据来刻画用户特征，从而达到精准营销和决策的目的。用户画像是近年来随着新一代信息技术发展而衍生的新课题，虽然研究时间短，内容也不够深入，但它实用性强，能解决用户在面对海量数字信息资源时难以进行决策的问题。图书馆利用大数据技术、数据挖掘算法及知识组织建模等技术手段，根据用户背景、爱好、习惯、行为等因素，通过"数据化—标签化—关联化—可视化"的呈现过程，构建用户画像，为图书馆采取个性化检索、精准推送、准确宣传、参考决策提供了依据。

人脸识别，俗称"刷脸"，是人脸生物特征识别技术，通过人脸识别来进行身份鉴定。现实生活中微信、支付宝、蚂蚁金服、网银等开通的刷脸支付功能，具备便捷、安全、体验感好的优势，方便用户进行资金交易，缩短了支付时间，改善了商户经营效益。人脸识别技术已广泛应用于解锁、开门、安检、登机、住宿及医疗支付等领域，给各行业带来了全新体验，也给人们的生活带来了便利。最早应用人脸识别技术的图书馆是浙江理工大学图书馆，它于2017年4月将人脸识别技术引入图书馆的图书借阅管理系统，实现了从进馆、借阅到信息查询等流程的全面升级。智慧图书馆对人脸识别技术的应用主要体现在虚拟图书证的办理，用户只需用手机扫描图书馆提供的人脸识别二维码，进入图书馆在线办证页面，按要求进行拍照和信息录入，上传照片进行人脸识别，图书馆后台将根据用户提供的信息自动办理好虚拟图书证账号，这样用户只要登录虚拟图书证账号，就可以利用或查阅图书馆所有的数字资源。人脸识别虚拟图书证于 2018 年在深圳图书馆开通实践，办证数量逐月攀升，这一举措得到青年用户的青睐，进一步扩大了图书馆服务的覆盖面。由此可见，基于人脸识别技术的虚拟图书证办理是可行和可操作的，该项技术将随着智慧图书馆的发展而变得更加实用和普及。

情景感知是指图书馆根据用户个性特征、行动轨迹和习惯爱好等大数据统计和分析，通过电脑将用户的情景数据进行处理，根据用户需求智能推荐资源的服务。它是一种新兴的信息处理技术，分为单元情景感知应用阶段、情景感知应用系统初级阶段、情景感知应用系统高级阶段三个发展阶段。最初的单元情景感知是将 RFID 技术应用到自助借还图书、馆藏管理、门禁系统等方面，实时将感应数据传入计算机中，以掌握用户的活动轨迹及行为习惯等信息。随着单元情景感知技术的成熟，情景感知应用系统在图书馆得以构建，并开始发挥优势作用，推动图书馆转型和变革。它利用人机交互模式，将用户个性化需求通过计算以各种情景信息呈现出来，使图书馆充分融入用户信息活动，随时掌握用户动态和需求，及时为用户提供情景感知的场景服务、推荐服务、咨询服务和自助服务等，充分展现图书馆智能服务的能力。情景感知服务具备的智能性、主动性、适应性等特征决定了它将拥有良好的发展前途。近年来，情景感知服务逐渐被图书馆界认识和重视，并取得一定进展，全面深入研究情景感知理论和技术，对提升用户服务质量和提高服务效益具有重要意义。

虚拟现实是集成计算机仿生、三维图像等新兴技术创建起来的模拟环境和虚拟体验平台。它通过创建逼真的虚拟世界，使用户可通过视、听、触等多种感官与其中的物体进行交互，产生身临其境的感受和体验，是人工智能的重要技术。智慧图书馆虚拟现实技术作为一种创新服务手段，能够为用户带来全新体验，它所拥有的沉浸性（immersion）、交互性（interaction）和想象性（imagination）三个特征能够激发用户的感官享受、无限想象和浓厚兴趣，让用户在虚拟的环境中体验到和现实世界一样的感受。其虚拟馆藏导航可以带领用户在虚拟图书馆里四处漫游；虚拟在线阅读可以让用户随意选择自己感兴趣的阅读材料；虚拟远程咨询可以通过远程视频对话向对方提出问题并得到及时解答；虚拟教室可以让用户聆听名师名家的当堂授课等，而且这种虚拟现实环境让用户更加放松和自由，不会感到陌生和拘束，也不会有社交焦虑，更能激发用户主动参与的积极性。未来，随着人工智能和5G技术的发展，虚拟现实技术将得到进一步发展，三维立体化资源呈现、360度超清全景互动直播和远程虚拟空间云课堂都能给用户带来高层次的体验，满足用户智能化、高效化和个性化的需求，这将为图书馆拓展创新服务提供新思路和新途径。

（三）智能需求服务

智能需求服务是一种内隐式能满足用户内在需要的服务，是深层次心理追踪服务，即利用智能工具追踪用户行为习惯、生活规律、兴趣偏好等，对用户信息需求进行归纳、总结、分析和管理，从而为用户提供决策支持、行为引导和智慧推荐的服务。当前，许多电商对消费者智能需求服务已达到比较成熟的阶段。例如，当消费者输入想购买商品的关键词时，系统就会自动匹配出相近关键词供选择；当消费者点击进入商品页面时，相同或相似的商品就会展示出来；当消费者想了解商品详细信息时，就可以通过页面介绍或其他消费者评价来判断商品品质；当消费者退出选择页面后，系统也会时不时地跳出一些他们曾关注过的商品推荐页面，而这一切都是计算机根据用户需求而智能识别的结果。智慧图书馆可以借鉴电商智能需求服务模式，拓展智能识别、智能追踪、智能推荐、智能决策的范围和内容，用智能服务满足用户内在需求。

智能识别是指图书馆通过部署一些智能感知、存储、计算、网络等基础设备，捕捉一些重要数据信息，如用户身份、出入门禁、借阅内容、资源利用、访问时长等完整、有效、合法信息，然后对这些数据信息进行组织、清洗、校验、加工、抽取、存储及备份，从中分析出用户的专业、特长、时间、位置等信息，了解用户兴趣、偏好、习惯和研究等需求，以便推送有价值的信息内容供其选择。

智能追踪是指利用搜索定位系统来确定物品或人物的活动轨迹。该技术经常应用于物流领域，商家或消费者可以通过查询物流系统来追踪货物、监控货物及了解货物，掌握货物运输的全程动态、异常情况及运输轨迹等。图书馆也可以借鉴这一做法，通过智能系统来追踪用户的行为动态，了解用户搜索、查阅、借还、关注及访问情况，追踪用户行为习惯、活动规律、参与欲望等，为后期推送个性化服务提供依据。

智能推荐是基于大数据和人工智能技术，在数据和算法驱动下，为用户提供的个性化智能推送服务。传统的推荐服务存在工作效率低、推荐误差大的缺陷，而智慧图书馆智能推荐服务依靠海量数据挖掘、云计算资源管理及人工智能高效算法对用户的访问时间、内容、次数等主题进行分析，了解用户访问行为、目的和需求，对同一用户不同访问方式或对不同用户相同访问方式进行分类整理，将访问信息与用户需求建立联系，从海量访问数据中筛选出有价值的数据，寻找用户感兴趣的信息，用协同过滤算法进行推荐。

智能决策是以信息技术为手段，通过大量原始信息数据积累，利用云计算庞大的存储空间和强大的计算能力，对海量信息数据进行分析比较，为管理者作出正确决策提供帮助的智能人机交互过程。智慧图书馆将人工智能的知识表示与处理手段应用于智库系统建设，通过对知识的提炼、过滤、精简和管理，向用户提供有效的决策支持。这种决策是将人工智能和决策支持系统相结合，应用专家系统技术，使决策支持系统能够更充分应用于人类的知识，比如，关于决策问题的描述性知识，决策过程中的过程性知识，求解问题的推理性知识，通过逻辑推理来帮助解决复杂的决策问题等。自动化决策是智能决策的主要特征，不需要人为干预，只需依靠决策机器人来进行自动化管理、跟踪、评估和反馈，通过高效、统一、透明的决策过程，最终达成决策目标，协助用户更好地分析和解决问题。

（四）智能管理服务

智能管理是人工智能与管理科学、知识工程与系统工程、计算机技术与通信技术、软件工程与信息工程等多学科、多技术相互结合、相互渗透而产生的一门新技术、新学科。它利用计算机技术来提升管理效益，达到管理的高度智能化。另外，物联网、大数据、云计算、人工智能等新兴技术为它注入了新的活力，使其成为无人化、无纸化、自助化及移动化的管理模式，不仅减少了人力资源投入，而且提升了管理效益，其高质低耗的优势逐渐被各行业所认同，并应用于社会实践。例如：智能物流仓储管理可以实现24小时无人值守的仓库订货、货物入库、货物管理和货物出库的高效服务；智能停车场管理通过一卡通自动识别车辆信息，实现自动语音播报、收费、打开、计时等功能，使停车变得方便、快捷；智能楼宇管理通过自动控制系统，实现建筑物内设备的远程监控，确保设备运行正常，降低运行能耗。智慧图书馆智能管理服务借助智能设备和智能系统，可实现24小时无人值守管理、自助借阅管理、虚拟远程管理、机器人服务管理等，最大限度减少图书馆人力资源投入，提升图书馆服务效率，拓展图书馆服务渠道，扩大图书馆服务范围，使图书馆管理更加人性化、智能化和智慧化。

24小时无人值守管理在超市、银行、健身房、洗车房等场所已很普遍，在图书馆也很流行。它是互联网技术发展到一定阶段的产物，也是公共图书馆拓展服务的一个热点和方向。它具有服务时间长、覆盖范围广和流通速度快的特点，能够极大地提高图书馆管理智能水平和提升图书馆自助化服务效率，并以人文关怀为主导，以服务创新为目标，集成最新RFID技术、数据通信和数据处理技术，以及相关安全技术和生产工艺，是人性化、数字化、智能化与传统图书馆的完美结合。24小时无人值守图书馆可以为用户提供短暂的休闲空间，用户可凭身份证、市民卡自助完成办证、借阅、续借、还书等服务，感受一种全新的阅读氛围。该项服务在解决公共文化发展不平衡不充分问题、推动公共文化服务均等化和推广全民阅读等方面具有重要意义。

自助借阅管理可分为线上和线下两种服务方式。线上服务主要依靠自助借阅管理平台，通过虚拟身份进行认证和注册，用户可以借阅电子图书，在线进行浏览、下载、阅读、标注、评论和转载等，还可以通过微信、支付宝等对收费项目进行结算，并通过联网书目系统，对图书进行自助借阅和归还。如果需要纸质本，也可以通过该平台提出申请，图书馆将以快递到家的形式将图书送到用户手中，满足用户足不出户就可以享受图书馆服务。线下服务主要依靠智能自助借还机来完成，这是图书馆为了提高智能化管理水平，实现"一站式"管理、"通借通还"和提升服务效率而采用的新型管理方式，它将RFID技术应用到图书馆，代替传统磁条和条码管理系统，方便用户自助借还、提升图书馆服务效率，有利于大批量图书的高效流通。

虚拟远程管理是依靠"AI+5G"技术而设想的一种新型管理模式，利用人工智能与5G超清视频传送方式实现远程图书馆的浏览和使用，使用户在偏远地区也能利用发达地区的图书资源，特别是那些需要到偏远地区进行实地考察的科研人员，无论身在何处，只要他们有需要，就可以登录图书馆虚拟远程管理系统，查找自己需要的资料。同样，这种管理模式也特别适合具有总分馆的大学或公共图书馆，无论分馆开在哪个地方，都可以让用户通过虚拟远程管理系统，享受到同总馆一样的资源优势待遇，从而解决因地域差距而引起的资源分配不均问题，不但可以节约图书馆采购成本投入，而且可以方便用户平等享受公共资源，真正实现社会公共文化均等化服务。

机器人服务管理是以人工智能为核心，融合人脸识别、语音识别与语音合成技术，能够进行人机互动的一种信息处理能力，是面向实体服务的硬件设施管理。机器人服务应用于图书馆的实例已不鲜见，例如：清华大学智能聊天机器人"小图"，它具有高智能聊天功能，可以与用户随时互动交流，帮助用户查询个人信息、预约研读间、做出提醒等；又如南京大学的图档博机器人"图宝"，它可以对藏书进行盘点、清查、确认，解决用户找书难的问题，并能和用户进行温馨的对话，吸引用户关注；另外，浙江宁波大学图书馆的导引机器人"旺宝"，在迎来送往的同时，它还能做出不同表情吸引用户与之交流，为用户提供咨询、借还书指引、扫码找书、读者引路等服务。机器人带给图书馆的不仅是新奇服务体验，而且是智能发展的创新。将人工智能技术融入硬件管理中，用机器人代替馆员去解决一些烦琐、重复、简单的工作，使其变得更高效和更有趣。未来，随着人工智能技术的进一步发展，智能机器人将发挥越来越重要的作用，它将为图书馆的发展增光添彩。

（五）智能社会服务

社会服务是图书馆发展的初衷，也是图书馆作为公共文化服务单位应尽的责任和义务。智能终端、无线通信、互联网技术发展为图书馆开展智能、泛在和高效的创新服务提供了条件。创建数字化、网络化、信息化、智能化的"互联网＋社会服务"是图书馆创新服务发展模式，也是图书馆智能社会服务的重要体现。即图书馆运用语音、视觉、自然语言理解等核心人工智能技术，为政府、科研单位和企业提供决策支持、科学研究和产品研发等智慧服务，将知识服务转化为生产力，实现价值增值，促进社会不断进步。未来，随着连接技术在空间、时间、规模等多维度上的持续发展，会给人们提供百倍的带宽提升、更低的时延、更广阔的覆盖，将把人类社会从智能社会带入一个万物智联、万智互联的全息社会。

智能社会服务包括决策支持服务、科学研究服务和产品研发服务。决策支持服务是利用图书馆情报服务能力，为知识用户提供特定的专题服务，如内容揭示、知识加工、数据挖掘及产业动向等，将一些潜在、隐性、深层的知识通过人工智能手段提取和揭示出来，形成有价值的信息，为政府、企业、社会团体提供智力支持和决策参考；科学研究服务则是对知识发现、知识创造过程给予支持和协助，图书馆通过打造"专家系统＋深度学习"平台，将原创自主的专家系统与深度学习技术融合，实现人的大脑优势与机器学习相结合，对信息动态关联、用户应用场景识别、知识资源重组及前沿学科自动跟踪等进行开发，为用户提供各学科领域的最新研究动态、当前研究热点及未来研究走向，并提供虚拟交互空间，实现知识和智慧碰撞；产品研发服务是协助科研团体和企业机构将科研成果转化为社会生产力，将抽象知识产品转换为具体实用成品，图书馆利用智能工具将分散在产品领域及相关领域的专业知识加以集成，从中提炼出对研究、开发和创新有用的"知识精品"，协助其寻找知识增长点，将隐性知识转化为显性实践，缩短产品研发周期，提高产品研发效率，提升产品产出含金量。此外，图书馆还可以通过服务场景设置，以及机器学习、知识图谱、可视化等人工智能技术，为研发人员提供智慧感知、获取、分享、培训、阅读等创新型服务，确保产品研发的持续更新和发展。

四、深度的知识融合

知识融合是智慧图书馆智慧服务的主要内容，是根据用户知识需求，利用智能网络技术动态搜寻、组织、重组、分析、整合、输出、创新知识产品，为构建更科学的知识体系和更精准的知识服务而提供的智慧服务。[①]它为用户知识应用与知识创新提供解决方案、决策支持和灵感启发。深度的知识融合包括知识组织、知识发现、知识服务和知识转化，其与传统知识融合最大的区别在于加入了大数据、云计算、人工智能及5G技术等新兴技术支撑，使知识覆盖面更广、知识信息更精准、知识服务效率更高、知识启发性更强，在从低到高的"数据—信息—知识"融合发展进程中，显示出知识服务的重要性和紧迫性，将成为转知成智、转智成慧的最大推动力，引领各行业向纵深方向发展，提升知识的社会价值。

（一）知识组织

知识组织是对知识资源进行有效控制与序化，使知识从无序状态走向有序状态，降低知识增长导致的知识分散过程，促进知识传播与利用。它包括知识来源、知识定位和知识序化。知识来源是知识组织的基础保障，它来自数据和信息数量多、范围广、增长快，包括多来源、跨领域、大规模的异构数据，只有通过知识组织实时、准确、智能的分析和提取，以及知识处理技

---

① 戎军涛：《基于关联数据的知识组织深度序化机制研究》，《图书情报工作》2015年第13期，第134—141页。

术的揭示、共享、关联和发现，才能形成新知识和新方案，为决策提供精准服务；知识定位是知识组织的指导目标，是一种可以使用户或其他系统组件找到网络上相关知识的机制，通常利用智能设备进行追踪、发现、抓取、过滤、整合和利用，并加入个人和组织的经验、推理规则、融合思维等，使知识发现更及时、知识关联更密切、知识筛选更准确，通过发现知识并和其他知识相互联系从而生成新知识，为知识组织提供更多参考；知识序化则是知识组织的核心内容，是指知识体系的所有组成元素按照特定的逻辑规律进行顺序排列的过程，包括结构有序化和功能有序化。智慧图书馆所强调的知识序化是对知识客体所进行的诸如整理、加工、引导、揭示、控制等一系列组织化过程及其方法，对知识进行规范和控制，避免知识过于分散，形成有序的知识单元，这更利于揭示知识。信息化时代，充分利用智能技术手段将分散、庞大和复杂的异构数据源进行关联，对其进行分析与综合，从内容、层次和置信度方面加以提升，从而生产出更高层次的综合知识产品，为用户知识创新提供参考。因此，互联网时代的知识组织，更多依赖智能手段和信息算法而进行，在深度、广度和强度上都远远超过以往的做法，为智慧知识服务的拓展和延伸提供了保障。

（二）知识发现

信息社会的网络信息瞬息万变，并无规律可言，这使知识发现比任何时期都更难、更迫切。知识发现就是从海量知识数据中揭示和提炼有效、新颖、隐含的知识内容，将其进行聚类、分类和关联，根据用户需求而为其提供个性化决策服务。智能知识发现则是通过人工智能和核心算法对大数据进行挖掘、对关联数据进行耦合，对深层数据进行揭示，将海量、多样、高价值、处理快速的海量数据转化为有价值属性和决策优势的知识数据，为智慧体系构建、智慧服务管理、用户需求感知及智慧定制与推送等提供决策支持服务。

首先，大数据的挖掘。数据挖掘技术是高效利用数据发现价值的核心技术，是知识发现的一个重要步骤。互联网发展使图书馆产生了海量大数据，这些大数据包括业务流程数据、知识资源数据、用户数据等，它们具有多源、异质、复杂的特征，增加了数据挖掘的强度和难度。如何有效过滤无用数据干扰，并高效提取有用数据是大数据挖掘的关键。只有通过对用户群、用户兴趣、学科知识、业务关联等数据的挖掘，采用人工智能分析和机器学习算法，对这些结构化和半结构化的大数据进行采集、计算、分析、过滤、提取和存储，才能甄别出有价值的数据，为智慧决策提供智慧服务。

其次，关联数据耦合。它是指将两个或两个以上有关系的数据进行联结，并辐射出更多数据之间的联系，从而形成一种相互作用、相互影响的关系，犹如互联网的超链接，点一个数据链接，就可以不断辐射出更多的关联数据链接，形成千万个有关联的数据闭环。关联数据是知识发现的主要内容，是揭示知识联系的主要方法。互联网时代的关联数据通常由计算机去理解、处理和计算，并自动找到数据之间的关系，形成被用户所理解的数据集合，实现人机之间的交互处理，这对知识的智能搜索、表达、转化和维护等都具有重要意义。

最后，深层数据揭示。知识发现包含算法和可视化两种方法，大多数基于算法的方法在人工智能、信息检索、数据库、统计学、模糊集和粗糙集理论等领域有所发展，而可视化方法则需要对深层兴趣、隐性需求及潜在知识进行揭示启发。机器深度学习是揭示深层数据的最佳途径，利用计算机智能技术建立、模拟人脑进行分析学习的神经网络，模仿人脑机制来解释图像、声音和文本等数据，从而形成可视化信息和知识。即利用机器学习来广泛收集用户信息、深度挖掘用户爱好、精准分析用户行为等大数据，并通过机器算法形成可理解的文本、声音、图像等显性知识信息，为智慧决策和智慧服务提供帮助。

（三）知识服务

智慧图书馆知识服务以用户需求为驱动，突破时间、地点、成本限制，加入人工智能及云计算技术，呈现出主体多元化、方式智能化、覆盖泛在化、内容智慧化的特征。其服务模式已由静态转向动态、专业转向综合、封闭转向开放、被动转向主动。它的主要内容包括智能感知、智慧搜索、智慧推荐、智慧展示及评价反馈等，为用户提供自助式知识导航、关联性知识检索、场景化知识推荐、个性化知识推送、组群式知识共享、深度嵌入式知识咨询、自动化知识问答等服务，它在知识传播、知识生产和知识创新中起着重要作用。

1. 智能感知

智能技术的敏感性为智能感知的实现提供了条件。随着RFID、红外线感应、蓝牙、GPS等自动感应设施的完善，用户身份、特征、活动、时间、地点的信息数据能够及时被收集，形成具有唯一识别特征的用户数据画像，为后期用户的精细化管理、精准化营销和知识服务提供准备。智能感知是知识服务的前提和基础，只有通过智能感知设备精准掌握用户动态特征，及时了解用户需求，才能提升知识服务效率。

2. 智慧搜索

用户通过智能终端设备主动嵌入图书馆的搜索引擎，搜索各种形式的电子资源，如文档、图片、视频等资料，用户不受时间和空间限制，根据本人意图，反复搜索，保证搜索的可靠性和全面性，避免在大量数据中做无效搜索。智慧搜索缩短了知识服务时间，为用户节省了更多精力，使其能在短时间内获得大量有效信息，为知识生产和知识储备提供了条件，并在知识服务环境下实现个人的社会价值。

3. 智慧推荐

基于知识服务的智慧推荐包括三大模块：以知识库为核心的智慧推荐、以需求为核心的智慧推荐和以升级为核心的个性化推荐体验。这三大模块是根据资源知识挖掘、用户深度需求和用户心理行为规律而产生的，在推荐内容的权威性和专业性、用户深度需求预测及个性化推荐体验等方面起到决定性的作用。以知识库为核心的智慧推荐，可以最大化地提高资源利用率，并使用户获得更权威、更专业和更有价值的知识信息；以需求为核心的智慧推荐则通过比较用户个体的相似性和差异性，揭示用户显性和隐性、明确和模糊的需求意愿，掌握用户需求规律，预测用户未来的需求方向，向用户提供特殊的个性化知识信息；以升级为核心的个性化推荐体验是以用户画像为基础的智慧推荐方式，它根据每个用户的独特画像，为其提供有针对性、人性化、个性化的知识推荐体验，提升他们的满意度和黏度，并充分调动其积极性和主动性，使其将体验感受分享、推荐给他人，让更多人参与体验。

4. 智慧展示

智慧图书馆智慧的知识展示更生动、活泼、有趣，可以将枯燥的知识以图片、动画等形式进行展示，也可以用增强现实的虚拟图书馆加以推广，还可以利用穿戴设备等让用户身临其境地感受。它体现出图书馆的人文关怀和贴心服务，例如：为保护用户视力，自动调整阅读文字的大小；为解决用户困惑，实行远程视听讲解；为增加用户兴趣，提供各种视听资料等。将枯燥的知识转化为生动的生活常识，将死板的文字材料转化为活泼的动画作品，将深奥的知识文化转化为有趣的亲身体验。总之，随着"AI+5G"技术的发展，智慧知识展示将变得更加简单、有趣，不仅能为知识服务增光添彩，而且能体现新兴科技的无限魅力。

5. 评价反馈

评价反馈是对知识服务效果的检验与总结。图书馆利用智能评价反馈系统，自动收集、获取和评估用户对知识服务的感受和体会等大数据，将用户感兴趣的知识资源、喜欢的知识服务方式、关注的前沿知识热点等数据汇集起来，通过大数据筛选及云计算提炼，形成可参照的可靠数据，从而对图书馆提供的知识服务进行比较分析，评估图书馆需要提供什么服务、怎样提供服务、服务的效果如何，并通过智慧终端推送来了解用户的兴趣及接受程度，从而为提升和改进服务方式和内容提供参考。

（四）知识转化

知识转化是知识融合的最终落脚点，是知识形态的变迁和知识客体的自我更新，在知识生产和知识传播中起着举足轻重的作用。没有知识转化，知识生产只能以抽象的理论形式存在，无法体现它应有的价值和贡献，而知识传播也只能局限在短时期和小范围内，会因缺乏转化活力而不能得到长期、广泛、持续的关注。知识转化过程主要包括隐性转向显性、显性转向智能、智能转向智慧和智慧转向价值四个过程，使知识得以转知成智、转智成慧，实现知识的价值增值，并转化为社会生产力，推动人类社会的发展。

首先，隐性转向显性。隐性知识是潜藏在用户内部未被表示和高度个体化的知识，包括用户感知、认知、记忆、学习的内隐知识，其蕴含着创新创造的潜质；显性知识则是能明确表达和传播，并能被学习传授的知识，包括语言、书籍、文字、公式、符号等外显知识，它们是人类智慧的结晶。隐性知识转化为显性知识，不仅能激发用户的内在潜力，而且能促进知识的价值增值，使知识不断更新、丰富和发展。图书馆通过对多来源、跨领域、大规模的异构数据进行实时、准确、智能的分析和提取，并利用知识处理技术实现知识单元的揭示、共享、关联和发现，形成可靠的显性知识情报，不断输送给用户，让用户得到引导和启发，并借助智能手段对用户内化、潜在的隐性知识进行追踪、揭示和挖掘，将用户潜在的隐性知识转化为可表达的显性知识，使知识得以增值、用户创造力得以激发。

其次，显性转向智能。显性知识包括静态知识和动态知识，其中静态知识是指可分离和可继承的知识，具有稳定、量变、有形的特征，而动态知识是指可运动变化的知识，具有活动、质变、无形的特征。信息技术和互联网的迅速发展，使静态知识不断被转化为动态知识，动态知识不断被创新发展，知识的产生与学习、共享与交互、传播与应用得以空前高涨，这意味着智能在不断发展。智能是一种学习和创造知识的能力，它可体现为人的基本学习能力，如对语言、逻辑、空间、肢体运作、音乐、人际、内省的掌握程度，但更多体现为机器的学习能力，即人工智能，通过机器来模拟人的某些思维过程和智能行为，从而达到学习知识的目的。总之，显性知识学习转化为智能知识学习是未来知识生产、知识传播、知识创新的主要方向，它在促进知识应用的同时，不断推动着知识创造和知识创新。

再次，智能转向智慧。在互联网时代，智能偏向为机器的智慧和能力，即通过机器来模拟人类感知能力、记忆和思维能力、学习能力、自适应能力和行为决策能力等，但它缺乏人类所拥有的情感、道德和伦理修养，因此在知识转化进程中，将机器智能转化为人文智慧就显得非常重要。机器智能可以提高知识学习、知识获取、知识传播及知识创造的能力，但最终需要将其转化为以人为本的人文智慧，才能体现出图书馆为人类社会创造精神产品和精神财富的价值取向。图书馆的人文智慧体现在图书馆人的职业道德和价值追求中，在服务用户过程中充分发挥知识嵌入者、知识关联者、知识协同者与知识启发者的作用，帮助用户去应用旧知、获取新知、开启智慧、创新价值。

最后，智慧转向价值。智慧既是一种聪明才智，又是一种创造思维能力。智慧图书馆服务目的就是要开发智慧、创造价值，将人类的聪明才智和创造力转化为社会生产力，为人类社会创造更多价值和财富。图书馆充分利用现代科技手段不断生产、挖掘、整合、传播和扩散深度知识，将知识融入智能服务中，就是为了激发用户的创造潜质，使用户能充分发挥其聪明才智去潜心研究、努力学习和成功实践，将自身所学的知识转化为智慧创造，促进知识的创新和增值，从而实现自身的社会价值。

综上所述，深度的知识融合是一种高层次的智能知识服务过程，它能为用户提供智能解决问题的方法、帮助用户进行深度的科学思考、协助用户进行正确的科学决策，是一个集数据融合、信息融合、知识融合、智慧融合于一体的多层次的融合形态。它将机器智慧与人文智慧结合起来，在知识增值和知识创新上不断挖掘隐性知识，激发用户潜力，协助用户不断超越自身极限去创造一个个奇迹，为社会作出贡献。

五、高效的跨界合作

各种新技术的发展打破了行业间的边界，缩短了时空跨度距离，模糊了学科专业界限，使各行业、各区域和各学科都相互融合、渗透和跨越。跨界合作已成为信息社会智慧服务必不可少的重要环节，是业界为谋求发展、提升效益而共享信息、资源和用户群的互利共赢行为，为各行各业带来新的发展契机。在此基础上，图书馆的跨界合作是基于用户需求，利用新型技术将图书馆与其他行业或机构连接起来，通过资源、技术、管理的融合渗透，以实现图书馆拓展服务空间和谋求长远发展而进行的一系列合作实践。跨界合作带给图书馆的不仅仅是资源的共建共享，还包括技术、人才、管理及服务的互联互通，给图书馆带来了新鲜体验。它秉承了互联网开放生态、连接一切的理念，将单个图书馆的力量汇聚成众多图书馆的合力，通过跨界合作实现社会资源的最大化利用，体现出人与人之间、馆与馆之间、学界与业界之间的合作关系，是图书馆突破已有观念和体制禁锢，提升自身业务质量和创新能力的服务新形态。通过高效的跨界合作，使数据合作、系统合作和服务合作得到加强，实现了信息资源的共建共享、管理机制的协调一致、公共文化的均等服务、复合人才的联合培养，使有限的公共资源应用于无限的社会服务，在全社会形成共同谋划、联合服务和合作创新的新局面。

（一）跨学科合作

学科是指以学术分类、教学科目、理论知识进行区分的科学门类。互联网打破了学科分类的界限，使清晰的学科边界变得模糊和融合，同时也产生了一些交叉、边缘及新兴学科。跨学科合作成为促进学科发展和知识创新的重要途径，它通过借助其他学科理论与方法来提升价值和效益，最终实现学科的共同进步和发展。图书馆的跨学科合作，是指图书馆根据服务性质、专业知识、研究情况等，通过跨部门、跨专业和跨机构合作，将图书情报学嵌入不同学科门类，为其提供决策支持、科学研究和社会服务，并借助网络和技术的力量，完成交叉、边缘及新兴学科的求同和存异。

首先，跨部门合作。互联网打破了图书馆固有的组织结构，更倾向于扁平化管理模式，即通过减少管理层级，让信息以最快方式得到传递和处理，在为用户答疑解惑上更直接、有效和方便，尽可能缩短用户的等待时间，而跨部门合作是实现扁平化管理最有效的方式，它解决了传统图书馆管理服务中存在的各自为政的弊端，以用户学科需要为标准。当用户提出需求请求时，有学科背景的图书馆馆员可以在第一时间内给予答复和解决，而不必局限在业务部门范围内。这种跨部门学科服务在网络技术支持下变得直接而迅速，不需要用户费时费力地层层反映，只需一个短信或文字表述，就可以得到迅速且满意的答复。因此，智慧图书馆跨部门合作是跨学科合作的前提，只有让图书馆馆员跨越业务部门的限制，充分发挥自身学科专业优势，才能随时、随地、随意地为用户提供便捷服务。

其次，跨专业合作。图书情报学作为一门信息管理专业，可以和任何一门专业产生联系，因为任何一门专业的发展都离不开文献信息的组织、存储、检索、咨询、分析和读者服务，它可以嵌入任何专业学科的学习、教学、研究和实践中，为各专业提供设备、资料、技术和人才等学科服务，辅助专业学科向纵深发展。智慧图书馆使跨专业合作变得更简单便捷，图书馆只需搭建一个专业学科服务平台，将服务对象汇聚一起，针对不同专业所具有的不同特征，开展主动参与的个性化学科服务，通过将其嵌入用户科研或教学活动中，帮助他们发现和提供更多的专业资源和信息导航，为用户研究和工作提供针对性很强的信息服务，充分发挥图书馆的专业优势和特长。跨专业合作是一项图书馆主动参与的创新服务，只有通过合作，图书馆才会发现什么样的服务更适合用户、什么样的方法对专业发展更有效，以及要怎样发挥专业优势，才能为学科专业添砖加瓦。

最后，跨机构合作。它是指在繁荣学术研究、推动学术交流的共同目标下，围绕学术生产和传播活动，没有隶属关系的不同学术机构以横向沟通方式进行协调、合作。这里的"学术机构"包括学术生产组织和学术传播组织两类，科研机构属于前者，而图书馆则属于后者，只有二者合作才能促进科研产品的产出和传播。智慧图书馆借助新兴技术为跨机构合作提供了便利，其利用新兴技术搭建的学术交流平台，在辅助科研机构生产科研产品的同时，也协助其产出的产品能够得到及时的传播。另外，通过开放获取和数字出版形式，可以实现知识产品的快速产出和成果兑现，减少中间环节，使学科知识能够及时得到应用和实践，为社会生产生活提供便利。科研机构与图书馆的合作可以实现双方的互利互赢。科研机构为图书馆提供知识产品来源，而图书馆为科研机构提供创作灵感，二者相辅相成、相得益彰，是跨学科合作的最佳体现方式。

(二）跨区域合作

我国幅员辽阔、地大物博、民族众多，各个地区政治、经济、文化、科技等方面发展不平衡。用户因受时空限制、地域差异及城乡差别的影响，很难得到公平公正的公共文化资源服务，而互联网的兴起，打破了这种因地域因素引起的不平衡问题，将在全社会实现公共文化均等化服务。图书馆作为一个公共文化服务场所，在保障公民文化权益、维护社会公平和落实公共文化均等化服务方面承担着重要责任，而应利用互联网思维从地理位置上、发展程度上和行政级别上进行跨区域合作，可以缩小地区之间的数字鸿沟，实现公共文化服务全域、全时和全员覆盖。

首先，从地理位置上合作。我国地理位置特殊，地区分布各异，可分为东北、华北、华东、华中、华南、西南、西北等区域，这些区域面积广、跨度大，要加强合作实属不易，但在新的智慧时代，地理位置造成的距离都不是问题。智慧图书馆的跨地理位置合作是提升图书馆跨界合作效益的最直接表现，它不仅可以解决资源共建共享问题，而且可以提升图书馆的服务效益，让泛在化服务惠及每一位用户。图书馆联盟是跨地理位置合作最常用的方式，它是将同一个地区或不同地区的图书馆联合在一起，依照共同认可的协议和合同而建立起来的图书馆联合体。当前全国跨区域联盟大大小小的案例不计其数，比较成功的有中国数字图书馆联盟、中国高等学校数字图书馆联盟、中国高等教育文献保障系统、国家科技图书文献中心、首都图书馆联盟、天津市高校数字化图书馆联盟、长三角图书馆联盟、福建省高校数字图书馆联盟、深圳文献港等。这些图书馆联盟都是依托互联网而建立起来的文献信息保障平台，通过资源共享、馆际互助或文献传递等方式，为用户提供文献资源服务，解决了因单个图书馆资源短缺而提供单一服务的问题，使广大用户能够跨越时空局限而共享社会公共文化资源。未来，5G新兴技术将为图书馆联盟注入新的活力，远程会议、视频发送和咨询互动等将变得更加便捷，无论是在本地还是在外地使用图书馆都无差别，图书馆的服务将无处不在、无处不有。

其次，从发展程度上合作。各个图书馆因发展理念不同而造成其发展程度有所差异。对于那些资金充裕、馆藏丰富、技术过硬和人才济济的重点大学图书馆及国家级图书馆，它们具有积极开拓的创新思维，并善于发现和勇于实践，在新兴技术的应用方面走在时代前列。比如国家图书馆很早以前就开通了"掌上国图"手机图书馆服务，作为其重要服务形式之一，在信息咨询、移动检索、读者服务、资源阅读等方面为用户提供服务和资源，不断跟踪信息技术的发展及用户的使用习惯，优化用户体验，在行业内起着优秀典范作用。而对于一些中小型图书馆，因资金、资源、技术和人才的短缺，在发展程度上跟不上时代发展节奏，面临被一步步边缘化的危险。要解决这些图书馆的发展困境，唯有主动寻求合作伙伴，借助实力强大的图书馆力量来实现突破。而信息网络技术的发展为这种合作提供了便利和机会，使图书馆与图书馆之间不需要花费太多人力、物力和财力，只需搭建信息共享平台，将本馆数字图书馆联网，就可以实现双方的合作共赢。因此，在互联网浪潮的冲击下，图书馆要想立于不败之地，只有依靠团队的力量，建立跨界合作关系，互帮互助、互通互信，构建一个完善的信息保障体系，才能实现图书馆事业的发展。

最后，从行政级别上合作。图书馆因隶属不同主管单位和服务不同人群，所以，在行政级别上有所差异，比如，高校图书馆主要以服务本校师生员工为主，它受学校隶属的上级主管单位管辖，而公共图书馆主要以服务本市市民为主，它主要受自身所属行政部门领导管辖。通常情况下，隶属越高级别的主管单位，图书馆的发展越好，因为它可以在资金、技术、人员方面得到保障；相反，隶属越低级别的主管单位，没有足够的资金支持，发展前景堪忧，更谈不上技术和人员保障。但是，智慧化图书馆可以将各级各类图书馆连接在一起，提供去中心化服务，使其不再有高低行政级别之分。任何一个高级别图书馆与一个低级别图书馆都可以共用公共社会资源，都可以利用互联网为任何一个用户提供相应的服务。这种打破条块分割、跨越行政级别上的合作服务，使图书馆不再因行政级别差异而受到不公正的待遇，也让用户不因所处地域差别而享受不到社会公共文化服务，使他们即使在边远山村小镇，也可以享受到大城市或发达地区的图书馆资源。因此，图书馆的智慧化要充分挖掘合作需求、合作可能性与合作机制，寻求多元的合作伙伴、开拓多样的合作途径，通过跨界合作更好地提供公共文化服务、参与文化创意产业建设，进一步保障公民权利，促进社会公平。

综上所述，高效的跨界合作是图书馆智慧化发展的必然趋势，是图书馆利用新兴技术进行自我革新、融入时代发展的重要表现。它不仅实现了图书馆与其他行业资源的互补共享、合作共建，而且实现了人力资源、资本、信息、技术等要素的深度整合，为用户提供了更优质的服务，在深化服务内涵、扩展服务外延及催生服务创新等方面起到了重要作用。未来，基于知识供应链的纵向合作、基于利益相关者的横向合作和基于用户工作流的适应性跨越合作将是图书馆智慧化发展的主要方向，为用户提供全方位、多层次、立体式的智慧跨界合作将为图书馆发展提供新挑战和新机遇。

第三章
高校智慧图书馆服务研究

本章主要从高校智慧图书馆的服务类型、高校智慧图书馆的服务模式以及高校智慧图书馆服务的现状、问题与创新三个方面针对高校智慧图书馆服务展开研究。

第一节 高校智慧图书馆的服务类型

一、文献流通服务

(一)文献流通服务的形式

文献流通服务是图书馆与读者联系最密切的工作环节,读者对图书馆的利用主要是通过文献借阅活动进行的。文献流通服务的形式主要有外借、阅览、视听等。

1. 外借服务

外借服务是指图书馆允许读者通过一定的手续,在规定的时间内将馆内文献借出馆外的一种服务方式。外借服务是满足用户将部分藏书借出馆外、自由利用的图书馆服务方式。外借服务为需要文献而又不便入馆研读的人们提供了方便。

外借的方式主要有个人外借、集体外借和馆际互借。个人外借是面向读者个人的,外借手续较简便,这类读者数量最多,是图书馆馆员主要的服务对象;集体外借主要是面向机关团体和学校的,其特点是面向特定的读者群,外借的文献可以一人办理、多人使用;馆际互借是图书馆之间根据协议,相互利用对方馆藏以满足读者需求的外借方式。

2. 阅览服务

阅览服务指的是一种通过举办文献阅读活动为读者服务的形式,通常在图书馆规划出部分空间设施的基础上开展。图书馆一般根据读者对象类别、藏书类型、学科门类等来设置不同的阅览室。其中根据读者对象类别可设置普通阅览室、少儿阅览室、科技阅览室、教师阅览室、学生阅览室、盲人阅览室等;根据文献类型可设置期刊阅览室、报纸阅览室、古籍阅览室、缩微文献阅览室等;根据学科门类,可设置社科阅览室、文学阅览室、综合阅览室等。在阅览室中,不仅有良好的学习环境和设备,还有丰富多样的图书文献资料,包括列有多种书目、索引的辅助书库和一些工具书,以及只能在图书馆内查阅的文献资源。阅览室能提供开架、半开架或闭架服务。在这些服务中，在很多方面上开架阅览都更受用户欢迎，原因主要有：用户能够自由进出书库阅览并挑选需要的文献；有助于拓宽用户眼界，提高他们阅读自主性，使得越来越多的用户具有应用图书馆藏书的意识；省去用户挑选书籍的时间；打破图书流通限制，提高文献借阅率；可以在很大程度上减轻图书馆馆员的工作负担。此外，巡回图书车，建立分馆、文献流通站等为无法到图书馆的用户查阅馆藏提供了便利。

3. 视听服务

视听服务往往在电子和视听阅览室中开展。放映机、唱片机、放像机等光电设备的推广应用，很大程度上提高了知识信息传播的效率和质量，特别是在与国际互联网相连的电子阅览室里，用户能够仅通过一部机器享受到无限的知识信息服务。目前，一些图书馆正通过移动阅读器进行借阅工作。

（二）文献流通服务的特点

1. 不受图书馆时间和空间的限制，方便读者使用

因为图书馆为读者提供的阅读时间和阅读场地都是有限的，所以很难满足大量读者同时在图书馆查阅文献的要求。利用外借服务的形式，读者能够在固定的时间内灵活地规划阅读地点和时间，不受阅览室场地大小和图书馆开放时间的制约，进而最大限度地应用所借的书刊文献资源。

2. 降低图书馆馆员的工作强度，减缓矛盾

长时间以来，因为我国图书馆存在阅览室容纳人数有限、服务读者的方式未与时俱进和图书馆馆员劳动负担过重等问题，所以阻碍了图书馆服务读者工作的进展。图书馆对外借服务方式的创新和革新是图书馆实现阅读空间设施合理利用、工作人员劳动服务减轻和读者对文献查阅的迫切需要。

3. 诱导读者潜在需求，促进读者阅读行为的产生

外借服务方法相对直观，因为读者通过这种方法拿到的是以整个书刊为单位的初始文献。特别是在开架借阅的进程中，读者直接接触文献，能够激发读者阅读兴趣，让他们内心的需要变成现实的需要，进而促使他们开展阅读行为。另外，凭借邮寄借书、巡回外借服务、送书上门、馆外流通等方式，让他们更加方便地获得和使用其所需要参考的文献，满足了他们查阅文献资料的需要。

4. 只能满足部分读者的借阅需求

因为外借服务方法在外借品种、期限和范围等层面都有制约，所以读者

的借阅权限有一定局限，导致有的读者可以外借图书，而有的读者却没有这个权利。所以，外借图书服务仅仅为有限的读者提供了借阅服务。

5. 文献破损率高

文献常常在流通过程中，造成外观和形态损坏，使得文献的使用寿命缩短了。

二、参考咨询服务

参考咨询服务指的是在图书情报部门中，专门技术人员协助用户寻找知识、使用文献和获得情报方面的活动。参考咨询服务通过专题文献报道、帮助检索和解答咨询等方法给情报使用者提供文献、事实和数据信息。参考咨询服务的特点主要包括服务性、针对性、实用性、智力性、社会性、多样性。它的本质是以文献为依据，利用单独解答的形式，有针对性地在文献路径、文献知识和具体文献方面提供相应的服务。

（一）参考咨询服务的特点

随着参考咨询的服务内容不断深化与发展，其服务形式也出现网络化、现代化、多样化的趋势，从而使参考咨询成了读者服务中最为活跃的内容，具体表现出了以下六个特点。

1. 服务性

在图书馆中，参考咨询服务是为读者服务中的主要核心工作，它具有四点要求，即服务至上、读者第一、面向用户、主动奉献。从根本上说，参考咨询服务最基础的特点就是服务性，同时参考咨询服务包含在读者服务工作范围内。采访、分类、编目、典藏、流通、阅览是图书馆传统的工作流程，而参考咨询服务则是以此为基础进行的一项重点内容。在参考咨询活动中，馆员对读者的询问进行单独解答，实现读者的个性化需要。在服务内容方面，和其他部门的读者存在着密切的联系，主要作为读者服务的拓展和发展。

2. 针对性

从服务目的角度来说，参考咨询服务有极强的针对性，因此它的选题只有以用户实际需求为基础，才能够有方向性地实施个性化服务。为此，参考咨询主要服务内容应为给读者在生活、学习和工作中面临的困难提供文献信息参考。

在图书馆中，相应的咨询服务是根据读者需求的出现而形成的，因此调查掌握读者的信息需要具有两方面的重要意义，即一方面为参考咨询服务提供了基本保障，另一方面若无读者需求，所谓的参考咨询服务也就无从谈起。在服务对象方面，不同种类、等级的图书馆具有差异性，参考咨询要结合图书馆的目标、方针进行读者需求方向的调研，以便清楚地划分工作的优先级和确定服务重点，这样能够确保提供更加有针对性和有效的服务。例如，公共图书馆承担着服务所在地区政府和相关企事业单位的职责，其重点参考咨询方向主要涉及政府决策和经济建设方面。高校图书馆的主要任务是为学校教学与科研提供支持，服务于教师与学生，其中咨询服务的重心是教育和科技。科研单位图书馆的服务主要面向本系统的科研工作和领导决策，需要提供高度专业化的参考咨询服务。

3. 实用性

咨询服务的初衷和终极目标在于满足读者的需求和解决实际问题。根据咨询工作的实际成效，可以确定它的实用性相当不错，主要体现在两个方面：一方面，读者在现实学习、生活与工作中难免碰到许多不同类型的问题，需要花费很多时间查阅相关资料来解决，而参考咨询能够帮读者省去这部分时间，为读者提供所需资料与图书馆资源。另一方面，参考咨询服务可以帮助加强文献资源的使用，使之更有效地为领导决策和企业发展提供丰富的文献资源和动态信息，进而提高文献利用率和深入开发文献资源。例如，伴随图书馆信息职能的加强和当代科学技术的运用，高校图书馆以提升服务水平、为读者提供便利、完善资源配置等角度为出发点，为高校教研工作提供服务，取长补短，最大限度地为社会信息服务，从中获得实用的经济情报服务。参考咨询服务凸显了图书馆的教育和信息职能，它所展现出的工作能力和开发水准体现了图书馆服务的质量，其为经济建设服务的效益、工作效率和社会效率贡献了自己的社会价值。

4. 智力性

参考咨询作为一类智能化的科学劳动，应具备丰富的技术、知识和经验，它的中心工作是对文献信息资源的拓展。

图书馆参考咨询服务与外借流通服务相比，不同的是工作人员并非直接将原始文献提供给读者，在解答读者的咨询问题时需要进行文献的检索、加工、整理、分析和研究等多个环节的综合活动（图书馆馆员能够根据自己掌握的经验和知识直接进行解答的除外）。因此，参考咨询服务以文献查找、选择和利用为基础，旨在为读者提供具体的文献、文献知识和文献检索途径。

这种服务方式非常复杂，馆员需要具备高水平的学术素养和服务技能。

5. 社会性

参考咨询是一种开放性的社会服务，本质上是一种知识信息的传递、交流与反馈的过程，无论咨询队伍还是服务对象都具有鲜明的社会性特点。

图书馆是信息产业的有机组成部分，主要具有保存人类文化遗产、开展社会教育、传递科学信息和开发智力资源四种社会职能。参考咨询服务是一种开放性的社会服务系统。首先，咨询服务对象具有鲜明的社会性。参考咨询服务就是图书馆馆员运用各种方法帮助读者解答在科研和生产中需要查阅文献资料而出现的疑难问题，为读者提供所需的文献和情报。随着社会信息化程度的不断提高及图书馆服务观念的转变，参考咨询服务的社会化程度日益加深，服务对象与范围进一步扩大。尤其是开展了合作咨询和网上咨询服务以后，其服务对象已不再局限于馆内读者，本社区乃至跨地区、跨国界的有关用户都可能成为其服务对象。其次，咨询队伍具有鲜明的社会性。由于科学技术的发展，科学知识与信息资源急剧增长，仅靠一个图书馆的力量已无法单独完成各种资源库的建设及各种咨询问题的解答，更谈不上各种咨询软件的研制与开发，因此知识与资源的共建共享势在必行。再次，咨询服务内容具有社会性。随着图书馆日益融入社会信息化的浪潮之中，参考咨询服务的内容也由过去以学科咨询、专业咨询为主转向为广大用户提供涵盖学习、生活、工作等方面的各类社会化信息，以最大限度满足用户日益增长的信息需求。

6. 多样性

参考咨询服务是一种综合性的文献信息咨询服务，从它的内容、形式、方法来看，它呈现出多样性的特点。

首先，读者咨询问题多种多样，来源广泛，有来自社会各个部门的咨询问题，也有涉及学科领域的专门问题；有综合性的咨询，也有专题性的咨询；有文献信息咨询，也有非文献信息咨询。当然，并非读者提出的一切问题，图书馆馆员都应给予解答，只有属于图书馆服务范围的问题，才是参考咨询的服务内容。其次，参考咨询形式多样化。从读者提问的形式来看，有到馆咨询、电话咨询、信件咨询、网络咨询等多种形式。从馆员对具体问题所采取的形式来看，有文献检索方法辅导、提供文献线索、提供原文、定期提供最新资料、提供专题研究报告等形式。

（二）参考咨询服务的内容

参考咨询服务工作的内容十分丰富，有自己的体系。目前大中型图书馆参考咨询服务的内容主要有解答咨询服务、书目参考服务、信息检索服务、情报研究服务和用户教育服务等。

1. 解答咨询服务

解答咨询服务即对读者提出的一般知识性问题，如有关事实、数据等问题，通过查阅有关的检索工具，直接回答读者，或指引读者利用某一检索工具直接查阅有关资料，以求得问题的解决。解答咨询服务作为参考咨询服务的最初形式，是参考咨询服务最常见的服务内容。其解答咨询的方式主要有口头回答、电话回答、电子邮件回答、表单回答等。对于一些常见问题，很多图书馆通过设置咨询台或开展常见问题解答（FAQ）服务来解决，这也是一种非常有效的做法。

2. 书目参考服务

书目参考为读者提供各种专题文献的目录索引，以解决涉及专题性和专门性研究课题的咨询需求。这些用户提出的问题可以通过查阅相应的文摘和索引来获取相关文献资料。由于它不直接提供具体答案，只提供资料线索以供解决有关问题时参考，所以被称为"书目参考"或"专题咨询"。对于一些未经提问或常设的课题，不少图书馆通过编制专题目录、索引与文摘，主动提供文献信息，开展书目参考服务，这成为传统参考咨询服务的一项重要内容。网络参考咨询服务中的"学科导航""本馆资源导航"及书目数据库建设则是网络环境下的书目参考服务。

书目参考服务的立足点是文献信息加工。选题应以客观需要为依据，在选择材料时，要求对某一特定范围内必需的文献做到尽可能全面、系统、收录完备。

3. 信息检索服务

信息检索是通过一定的组织和存储方式，实现对信息的有效搜索和提取的过程。根据搜索手段的不同，可以将信息检索分为手动检索和计算机检索；根据搜索对象的不同，可以将其分为文献检索、数据检索和在线信息检索等；根据提供的服务项目，可以将其分为常规检索、定制服务检索和查询服务检索等；根据课题性质可分为事实型检索、专题型检索、导向型检索、综合型检索等。传统的信息检索以文献检索为主要内容，现代的信息检索以数据库检索和网上信息检索为重要组成部分。"网络导航""学科导航""本馆资源导航""学科信息门户""特色库"的建设与利用是新时期信息检索的重要工作内容和信息检索资源。

4. 情报研究服务

情报研究服务是图书馆对文献信息进行分析与综合的一种服务,主要是通过对某一时期或某一领域的文献信息进行分析与归纳,并以研究报告的形式提供给用户。其功能在于通过对大量文献进行分析研究和综合,为读者提供浓缩的、系统化的情报资料,为预测研究和决策研究提供参考。情报研究服务主要有定题服务、专题剪报服务、专题数据库建设等多种形式。

5. 用户教育服务

图书馆作为重要的文化科学教育机构,是社会公众进行终身学习和教育的重要课堂。这种教育活动是通过社会公众阅读的方式来传播科学和文化知识的一种社会活动。它允许社会公众充分利用图书馆的资源,学习和更新知识,因此被认为是任何学校教育都无法比拟的。伴随时代的不断发展,非常多的网络技术、计算机技术被引入图书馆中,这在很大程度上提高了读者使用图书馆的门槛。网络中的信息利用要求读者具备更高的素养,如果缺乏较高的文化水平,不熟悉网络图书馆的内部结构或不了解基本的计算机和文献信息检索方法,那么就无法有效地从网上获取信息。因此,在传统图书馆向数字图书馆转化的过程中,应大力开展用户教育,培养用户的综合信息能力是尤为重要的。

(三)数字参考咨询服务

数字参考咨询服务是以用户信息需求为中心来达到快速传递与交流信息的目的。因此,以什么样的服务模式及设立什么样的服务内容是开展数字参考咨询服务的关键和核心,同时,这与图书馆经济、资源、技术和人员有关。就目前我国图书馆开展数字参考咨询的服务模式来看,可分为异步数字咨询服务、同步数字咨询服务、网络合作式参考咨询服务、数字参考咨询服务的新模式——微博;就服务内容来看,除了以上的服务模式,还应设置知识库的浏览与检索、信息导航、用户反馈平台等。

1. 异步数字咨询服务

异步数字咨询服务是指用户提问与专家即时回答,是目前最简单、最流行的一种服务方式,主要采取电子邮件、表单、FAQ 等方式及其结合形式来实现。

2. 同步数字咨询服务

同步数字咨询服务是利用基本的软件实现用户与图书馆馆员之间进行文本或视频、音频的迅捷交流，亦称实时交互式参考咨询服务。这是体现数字参考咨询服务互动性强的最明显模式。

3. 网络合作式参考咨询服务

网络合作式参考咨询是一种由多个图书馆合作共建的在线咨询中心。每个成员图书馆的咨询页面都连接到一个共同的请求管理器，以实现协同工作。同时，它还能够保持每个成员图书馆的独立性。用户可以通过在所在图书馆网页上找到的咨询服务链接，填写标准表单并将咨询请求发送出去。问题咨询会被传输到请求管理器，它会自动搜索成员馆数据库，并根据问题的性质和用户的情况，选择最合适的图书馆。考虑到诸多要素，如工作时区、地理位置、资源特点、用户类别、接收问题数量限制及特殊服务项目等，请求管理器最终选择一家最为合适的图书馆，并通过电子邮件将咨询问题传递给该馆。最后，解答咨询问题的答案将会被传回给最初接受咨询的图书馆，这一过程将通过请求管理器进行传送。同时，我们也会将问题和答案存储在数据库中。最终，图书馆将通过该数据库将答案传递给用户。管理者会监控咨询的进展，并了解问题是否得到解答。所咨询的数据可用于进行统计、管理等操作。

网络参考咨询作为数字参考咨询服务的最高层次，其优势是不言而喻的，它可以完成更深层次的学术咨询，可以共享合作馆的资源优势，完成个性化咨询服务，还可以节省经费。

4. 数字参考咨询服务的新模式——微博

随着互联网的不断发展，微博已经成为人们获取信息的重要途径之一，并逐渐成为一种新兴媒体。无论是生活、学习还是工作，微博都扮演着越来越重要的角色。随着微博在人们日常阅读中的重要性逐渐增加，高校图书馆数字参考咨询服务将微博作为一种新的传播渠道，为图书馆文化传播服务开辟了新的方向。利用微博的特点可以鼓励公众积极参与学习，与作者和专家互动交流，为推广文化和知识提供更宽广的平台，促进教育事业的推广和快速发展。

微博最突出的特点是能够促进交流互动。微博极大地便利了读者和图书馆之间的交流沟通，读者能够在微博平台上把建议与询问发给图书馆馆员，馆员也会在第一时间做出回复，从而使得读者得到满意的回复。微博拥有个性化服务特征，不但可以集合同一领域、专业、兴趣的读者以提供实现整体服务，而且能够开展不同类型的服务，使得图书馆数字参考咨询服务的人性化特点更明显；微博拥有信息互享功能，在图书馆和读者进行相互沟通的过程中，应把为每个的读者提出问题的解答结果进行共享，防止不断重复回答同一问题，从而节省时间成本；微博拥有根据时间排序功能，能够为读者了解最新服务信息提供便利；微博拥有评论功能，可以为图书馆馆员提供用户需求信息，从而实现服务形式的实时优化和服务水平的提升。

在图书馆参考咨询服务中与微博的应用相关的服务大致有微博订阅、微博访谈、微博群、微博提醒服务、微博直播服务、微博课堂服务等。

三、文献传递服务

文献传递服务是一种图书馆提供的服务，通过某种途径将用户所需的文献从文献源提供给用户。更具体来说，这是一种服务，用户向图书馆表达他们所需要的具体文献，图书馆通过某种方法，以有效和合理的成本直接或间接向用户提供他们所需的文献或替代品，它拥有迅速、高效、便捷的特点。当今，文献传递的实际意义是随着现代信息技术的支持不断增强，已逐渐成为优于传统馆际互借服务的一种递送方式。图书馆可以传递的文献类型包括期刊文章、标准、专利、技术报告、学位论文等，但需在符合著作权法规的前提下进行。书籍传递的请求可以由任何使用图书馆的读者提出。

文献传递服务主要有非返还式和返还式两种类型，传递方式包含 E-mail、Ariel、Web、FTP、FAX、普通邮寄、特快专递或者自取等。

（一）文献传递服务机构

21 世纪以来，文献传递服务在我国迅速发展。下面对三个比较重要的服务机构进行介绍。

1. 国家科技图书文献中心（NSTL）

国家科技图书文献中心是国内最早的具有联盟性质的虚拟式的科技文献信息服务机构，2000 年 6 月 12 日经中华人民共和国国务院批准，由中华人民共和国科技部（今科学技术部）联合财政部等五部委成立，以文献传递服务为主要业务。NSTL 网络服务系统在 2000 年 12 月开始正式运营。NSTL 运用"统一采购、规范加工、联合上网、资源共享"的运作模式，旨在构建一个国家级的科技文献信息资源保障与服务系统。NSTL 网络服务系统是重要的对外服务平台，其利用互联网为全国用户提供全面的科技文献信息服务。

2. 中国高等教育文献保障系统（CALIS）

中国高等教育文献保障系统，在中华人民共和国教育部的带领下，综合利用高校丰富的人力资源和文献资源、现代图书馆理念、国家的投资、先进的技术手段，建立重心为中国高等教育数字图书馆的教育文献综合保障系统，使信息资源共享、共建、共知成为现实，从而最大程度上展现经济和社会效益，服务于我国的高等教育。

高校图书馆馆际互借和文献传递系统是经中华人民共和国国务院批准的我国高等教育"211工程"总体规划中的公共服务体系之一，于2004年正式开始运行。截至2010年底，我国部署、开通CALIS馆际互借和文献传递系统的图书馆已经达到200多家，其中有近100家已经正式使用此系统。自开始运行以来，各馆间的文献传递量逐年上升。

3. 上海图书馆文献提供中心

上海图书馆丰富的馆藏资源是其开展文献提供服务的基础。1995年上海图书馆与上海科学技术情报研究所的合并大大丰富了馆藏科技资源，其中专利、标准、科技报告等科技文献都是文献传递的重要内容。近年来，上海图书馆新开发的馆藏科技报告数据库、标准数据库、AIM报告数据库等对馆藏的科技资源做了很好的整合和揭示。同时，这些数据库实现了和文献提供服务的无缝连接，为文献提供工作和服务带来了便利。

（二）文献传递的运作模式

文献传递服务模式指的是文献馆和用户馆之间为实现文献互供和共享，采取的方式，具体有两种不同的工作方式，即集中式无中介和分布式有中介。

1. 集中式无中介服务模式

集中式无中介服务模式是指以提供服务的场所为中心，在服务场所之间建立互相借阅的系统，用户需要在该系统上注册账户，并在个人账户中提交文献申请。在该模式下，每个用户至少要到一个服务馆开户，而且只能到开户的服务馆获得服务。若文献传递网中的另一个服务馆要满足该用户馆的传递请求，需通过开户的服务馆代为转发请求，否则要到多个服务馆开户才能直接获得服务，如中国高校人文社会科学文献中心（CASHL）、国家科技图书文献中心（NSTL）、链路容量调整机制（LCAS）、国家图书馆。

2. 分布式有中介服务模式

在此模式下，两个参与成员馆需同时安装同一馆际互借与文献传递系统，通过协议机构进行互相请求传递，而无须在对方馆的系统中新建账户。换句话说，任何一个安装了馆际互借与文献传递系统的成员馆，在不受限于特定成员馆的情况下，都能够向其他成员馆提出请求。应用此种模式，成员馆能够通过本地已有的用户服务网关采集用户的传递请求，还能够借助协议机构在相同馆间转发申请。这种模式具有两个优点，一是在本地服务馆就可以办理开户，二是在本地服务馆的用户服务网关就能手工提交申请，因此建议对外请求次数多的成员馆应用此种模式。

在这种模式下，每个成员馆都安装了相应系统，能够利用集中式模式直接和分布式模式间接为别的用户馆提供服务，都属于服务馆，因此得名"服务馆模式"。在此模式下，服务馆把原文发送给请求馆的馆内互借员，再通过馆内互借员转交给用户，如中国高等教育文献保障系统（CALIS）。

第二节 高校智慧图书馆的服务模式

一、学科知识服务模式

（一）高校图书馆学科知识服务概述

1. 知识服务与学科馆员制度

当前，对于知识服务的研究在各个领域仍处于起步阶段，人们对知识服务的具体定义还没有形成一致的看法。就所提出的定义而言，基本上在三个层面形成了统一的观点：一是知识与信息的获得、组织、整合、重组，这是知识服务的前提；二是应以解决具体、实际问题为要点；三是以知识服务解决问题的效果和价值为动力。各个领域的知识服务有着其独特的应用范围，因此，在定义知识服务时需要考虑到对应领域中服务提供者和服务接受者的范畴。

学科馆员制度指的是以馆员的实际能力和专业背景为基础，特定对口院系和馆员建立紧密的联系，积极为对口院系提供整体性信息的服务模式。这类服务模式有利于图书馆与学校教学和科研活动更好地融合，快速传递和交流信息资源，推动学校的教学科研活动发展。该服务模式为教师和学生在利用图书馆资源时提供有针对性的帮助，解决他们在文献资源利用过程中的疑惑和困难，同时为他们的项目研究提供深入的服务。

2. 高校图书馆学科知识服务

高校图书馆学科知识服务是指将知识服务与学科馆员制度结合起来，按照学科专业领域组织人力和资源，提供专业化知识服务的一种服务方式。根据知识服务的定义，高校图书馆提供学科知识服务的意义在于，学科馆员利用自己的专业知识和图书情报知识，针对用户在知识获取、知识选择、知识吸收、知识利用、知识创新过程中的需求，对相关学科专业知识进行搜寻、组织、分析、重组，为教师和学生提供所需的专业知识服务。

高校图书馆富有竞争力的服务必须与学校的学科建设密切相关。相同学科研究领域的科研与教学人员，其科研环境、知识结构、心理特征、研究习惯、行为方式等都是相似的，对于学科知识服务的共同需求是相对集中的。因此，高校图书馆能够利用学科化的知识服务模式来充分发挥其优势。高校图书馆要解决的重要问题是建立一个完备、有效的学科知识服务模式，这样才能提高其学科知识服务能力。

（二）高校图书馆学科知识服务系统的构成

高校图书馆学科知识服务系统由学科知识服务用户、学科馆员、信息资源库、学科知识库、学科知识服务平台等构成。

1. 学科知识服务用户

知识服务用户也可称为"知识受众"，是指通过知识媒介接受知识、获取知识的人或组织。高校图书馆的学科知识服务用户主要是指高校的教师和学生。

在学科知识服务系统中，学科知识服务用户不仅是知识的接受者和知识产品的消费者，还是学科知识服务的促进者和激励者，并可能成为未来知识的创造者和知识产品的提供者。高校聚集了各学科领域的专家和学者，他们是知识创新的主力军，他们使高校成为知识创新最活跃的地带。学科知识服务用户的知识需求状况、利用水平、满意程度乃至各种反馈意见、评价等都对高校图书馆学科知识服务系统的建立和持续发展起着重要作用。

2. 学科馆员

学科馆员在整个学科知识服务系统中具有至关重要的地位。学科馆员参与学科知识服务的各个环节,既要具有专业的学科知识背景,又要精通图书馆业务,通过学科知识服务平台向用户提供集成的、全面的知识服务。他们在某种程度上是知识的消费者,在理解问题的基础上,通过对相关学科专业知识(显性知识)的搜集和利用,创造出自己的新知识产品,其中蕴含着他们的经验和思维成果。

学科馆员的职责已经由以前依托公共信息资源提供简单的通用服务转变为更全面的角色。现在,他们需要全面介入资源建设、联合服务、用户培训、信息服务平台维护和参考咨询等整个工作流程,从单纯的知识提供者转变为信息资源的建设者、个性化和学科化服务的提供者以及学科特色知识库的建设者和推动者。学科馆员还将高校在特色学科方面的资源和服务进行有机的整合,形成馆院协调、灵活有序的工作模式,从而为教师和学生提供简便、高效、个性、专业的知识服务。

3. 信息资源库

信息资源库目前包括图书馆的馆藏资源库、各种信息检索系统及网络资源等。信息资源库主要是以文献、事实、数据等人类显性知识为表现的海量信息,对其进行组织管理的过程可称为信息管理。信息资源库可以按照学科分类来组织和管理信息资源。图书馆在信息管理方面的理论与实践已经相对成熟。学科知识服务要建立在信息资源库的清晰知识基础之上,而这种基础就是可以直接传授和表达的显性知识。随着对知识组织、知识挖掘、知识发现、知识揭示、智能技术等各方面研究的不断深入,传统的信息资源库将向着包含隐性知识在内的知识库的方向转化。

4. 学科知识库

学科知识库是学科知识服务系统中的重要组成部分,也是知识服务有别于信息服务的重要特征之一。

学科知识库中的知识包括学科馆员在解决知识服务用户问题的过程中搜寻到的显性知识,也包括学科馆员基于其内在经验和从信息资源库中获取的知识所衍生出来的新知识,以解决用户的特定需求。这些知识被捕获、录入知识库,并经过加工、整理、评价、排序等程序构成知识库的主体,以便在合适的时机提供给新用户或者进行进一步加工形成新的、更高层次的知识产品。学科知识库与其他知识库的不同之处在于其内容是严格按照学科分类进行组织的。另外,高校还可根据自身的专业优势建立特色学科知识库。

5. 学科知识服务平台

学科知识服务平台是为了联系学科知识服务用户和学科馆员而设计的平台，其作用在于充当学科知识服务系统的外部交流媒介。该平台可以是一个虚拟环境，也可以是服务系统形态的一种表现，重点在于提供方便联系和沟通的功能。知识服务平台为用户提供学科知识服务，学科馆员是服务的提供者。用户可在平台享受到学科馆员提供的服务。该平台以直观、有序且方便的方式展示了学科知识服务系统的所有组成部分。为了使该平台有效地运转和拓展，先进的信息技术必不可少，并且我们需要对服务过程的各个环节进行有序的组织和管理。

学科知识服务平台集成了学科导航服务、网络资源揭示、学科知识挖掘服务、定题知识服务、RSS 定制与推送等资源和工具，是一个需求驱动的学科化、智能化服务平台，支持学科馆员的学科需求分析、学科化知识化信息选择与集成、个性化服务设计与管理等工作。这个平台是基于学科知识库、特色资源数据和虚拟学科大类分馆平台搭建的，与个人数字图书馆、个性化信息环境相连接，能帮助学科馆员顺利深入科研一线，及时跟踪用户需求，并提供相应的个性化服务。它旨在实现服务的学科化、知识化、个性化和智能化目标。

学科导航服务是通过对学科专业网站的资源进行集成和展示，对相关学科知识进行整理和优化，为用户提供一个全面了解学科领域资源的平台。学科馆员利用校园网络和虚拟馆藏资源建立了专业资源学术信息导航网站，以服务重点学科的专家和学者。这个导航网站方便了用户快速地获取学科前沿动态。

网络资源揭示的主要方式是建立学科导航系统：利用搜索引擎在网络上全面搜索，通过选择、评估找到有价值的网站，将收集的相关网页下载、分类、标引，进行有效链接，并按照统一格式对网站进行客观的描述，给予公允的评价，形成便于浏览与检索的学科导航库。高校图书馆有责任承担对丰富的网络学术性资源整序的任务。

学科知识挖掘服务是一种重要的内容知识服务形式。其作为一种服务，使用定性定量处理技术来揭示资讯中隐含的知识内容。它的特点在于开展知识创新，揭示未知知识之间的相互联系。这种高级学科知识的应用需要依赖成熟的人工智能技术，其中核心技术包括特征提取、分类、聚类、关联规则发现和知识评价等。学科馆员先分析用户的需求，然后开始搜集、筛选和挖掘知识，并提供给用户。最后，通过用户满意度评估来衡量整个知识服务过程的效果。

定题知识服务主要指学科馆员针对用户的研究课题或学科重点知识需求，自动提供针对性极强的学科专业化定制服务。高校大多承担着国家或地方的科研项目，学科馆员要主动与承担科研项目的学科用户联系、沟通，深入了解课题立项的背景、项目要求与内容、经费及其他情况，设计定题服务方案，制定检索策略，建立定题服务数据库；通过推送服务不断为该学科科研项目提供动态、新颖的专题信息知识以及与课题相关的文献资源、该课题的最新研究成果、网络资源信息等，并跟踪整个学科课题的立项、研究、成果确定等全过程，并为其提供定制化服务；通过定题知识服务提高知识服务对用户需求的支持力度。

RSS 是基于 XML 技术的互联网内容发布和集成技术。RSS 服务能直接将最新的信息即时、主动推送到读者桌面，使读者不必直接访问网站就能得到更新的内容。

学科知识服务平台集成各种技术与资源，为用户提供全方位、个性化、智能化的学科知识服务。

二、移动服务模式

在 1962 年，备受瞩目的媒介理论学者马歇尔·麦克卢汉（Marshall Mcluhan）提出了"地球村"的概念。如今，互联网已经成为一个无形的全球村庄。通过采用云技术，我们能够实现资源共享的全球化，而不必受限于特定的图式和编码系统。随着移动网络的发展，包括 3G、4G、WLAN 在内的各种技术的普及，以及 Web3.0、社交网络和智能手机等技术的不断进步，信息资源的移动共享正在成为一种趋势。因此，在高校图书馆移动服务中，索罗门（SoLoMo）的应用越来越普及。

（一）移动环境下高校图书馆用户信息需求

感知信息需求是个体在解决问题时出现的一种心理状态，已经被定义并可以被操作。在形成信息行为之前，人们会先有信息需求。只有当这种需求达到一定的强度时，才会激发人们的信息动机，引导他们采取行动去达成目标。换句话说，信息需求是信息行为产生的基础条件，而信息动机则是推动行为实现的动力。信息服务是为了满足用户的信息需求而进行的一项活动，其目的是向用户传递已开发和整理好的信息产品，用户以方便且准确的形式获得所需信息。

高校图书馆的信息服务正在逐渐转向以用户为中心的模式，而不再以图书馆系统为核心。确实，高校图书馆的移动服务包括了实体空间的服务，而不仅仅是虚拟平台上的服务。但在移动互联网的时代，高校图书馆的移动服务最终的目的仍是提供便捷的移动信息服务。因此，高校图书馆开展个性化的移动服务，首先需要了解用户的信息需求。移动服务需根据高校图书馆的主要用户群体——学生和教师来制定和展开。

1. 移动环境下大学生的信息需求

大学生通过移动网络对时效性信息的需求很强烈，如图书馆的通知与公告、借阅信息提醒、自习座位实时状态、招聘信息、就业资讯等。通过移动环境，大学生不仅能够快速获取所需信息，还能够主动探索潜在的信息需求。学生通过移动网络可以更愉悦地被动接收信息，他们通过微博、微信等移动平台浏览推送信息，在此过程中隐性信息需求被转化为明确的信息需求。

2. 移动环境下高校教师的信息需求

在大学课堂上，高校教师不再单一地传授理论知识，而是将理论与实践相结合。相较于大学生，高校教师更喜欢主动获取信息，而非被动接收。他们的信息需求主要包括对学科专业知识的需求、对实践技能的需求及对时事信息的需求。

移动网络的发展与推广使高校教师的信息需求同样具有实时性。教师在工作忙碌的情况下，更倾向于根据需要随时随地获取信息，在学科专业方面，紧迫需要即时了解最新的学科动态和科研成果。为了使大学生的课堂更加和谐，高校教师也需要了解更多的时事要闻与新闻动态。

总之，高校图书馆通过移动服务能真正实现用户任何时间、任何地点获取信息的愿望，用户通过高校图书馆的移动服务能尽情享受移动互联网所带来的全新阅读体验。

（二）高校图书馆移动服务模式的嬗变

自 2000 年开始，移动服务就已成为国内外图书馆界研究的新主题之一。2003 年，北京理工大学图书馆率先在国内开展移动服务。随着网络技术，特别是移动网络的发展与革新，国内高校图书馆的移动服务模式与服务内容也在不断改进。2003—2005 年，我国高校图书馆相继开始利用以手机为终端的短信提醒与推送服务；自 2008 年开始，一些高校图书馆又推出 WAP 方式的手机网络服务；到 2010 年，清华大学图书馆等又开始推出基于 iOS 与 Android 平台的客户端应用，并开发出智能聊天机器人，方便读者查询馆藏图书、查询百度百科、图书馆知识问答，甚至可以进行娱乐消遣；2011 年，微信一经推出便因其新颖、快速、便捷的特点迅速成为我国智能手机用户主要的通信及社交工具，微信公众平台也成为高校图书馆移动服务的新模式。之后，随着互联网的发展以及人工智能、大数据等新技术的出现，各个高校图书馆开始联系起来，建立云平台，来自不同高校的学生实现了资源共享，减少了资源浪费。这种云平台模式能够全天候、有针对性为学生提供所需服务。随着网络通信技术的不断进步，高校图书馆的移动服务模式也在不断变化和更新。

1. 高校图书馆短信服务模式

短信是高校图书馆最早利用移动技术为读者提供服务的方式。短信服务模式对网络接入环境要求不高，不需要太高级的移动终端的软硬件配置，成本非常低廉，因此成为当前高校图书馆使用最为广泛的服务模式。但是，门槛低也就意味着短信服务只能承载少量的信息，无法承担大数据的工作。因而，目前我国高校图书馆的短信服务主要包括查询个人借阅信息、预约和续借、查询图书馆 OPAC（联机公共目录检索系统帮助）以及通过短信接收图书馆主动发布的各类信息等。

2. 高校图书馆 WAP 网络服务模式

WAP 即无线应用协议，是一种全球性的开放协议。WAP 的出现为移动互联网建立了一个通用标准，使得目前在互联网上使用 HTML 语言描述的信息可以在手持设备上通过 WML 的方式展示。因此，WAP 网络服务模式成为当前高校图书馆移动信息服务中最主流的服务模式。高校图书馆可以充分利用通信技术的优势，展示其丰富的馆藏资源与服务，并将 WAP 网站设计得更加易用且符合人性化需求。换句话说，借助 WAP 平台，图书馆可以发布各种公告、新闻动态和书刊推荐等信息，并且提供在线资源检索和移动阅读等服务，以方便用户获取所需的信息。

3. 高校图书馆客户端 App 服务模式

移动终端上能够运行的软件被称为客户端应用或客户端 App。随着 4G 网络的普及，Web2.0 的兴起以及智能手机等移动设备的普及，客户端 App 应用软件已经成为移动网络发展的重要方向。客户端 App 功能强大且内容丰富，能够实现 WAP 方式不支持的功能。客户端 App 操作简单便捷，能够避免高校图书馆用户频繁输入烦琐的网址。因此，客户端 App 是高校图书馆较先进的移动信息服务模式之一。基于 4G 等高速移动网络的支持，高校图书馆的客户端 App 能够实现更多类型、更丰富的内容和更多功能，从而得以快速拓展。然而，我国的高等教育图书馆在提供移动客户端 App 服务方面，目前仍处于初级阶段，需要进一步探索和完善。另外，能够提供此类服务的高校图书馆数量较少，提供的资源也不够充足。

4. 高校图书馆微信公众平台服务模式

尽管客户端 App 应用程序具有许多优点，但其研发工作量和投资成本非常高，使得许多经费有限的高校图书馆都不敢轻易涉足。高校图书馆现在可以利用微信公众平台来提供移动信息服务，这是一种新的选择。

微信是一种手机即时通讯应用程序，由腾讯公司于 2011 年推出。虽然它是一个软件，但它并非由图书馆自主研发，而是腾讯公司自行开发并免费提供给用户使用的。微信公众平台是一个新增的功能模块，基于微信开发而来。作为一个开放的平台，任何个人和企业都能在微信公众平台上创建一个公众号。之后，他们可以在公众号内发布文字、图片、语音、视频等不同形式的内容。高校图书馆可以利用平台提供的 API 接口技术，根据用户的需求和自身情况进行二次开发，以便向用户提供更加丰富、快速、全面的移动信息服务。在清华大学图书馆的微信公众号上，用户可以定期收到名为"清图微报"的消息。通过简单的指令交互，用户可以查询到图书馆的书展、讲座、馆藏、自己的借阅情况和座位状况等信息。

通过微信公众平台，高校图书馆可以跟每一位用户进行实时的交流与沟通，并且能够根据用户的不同需求推送信息，比如，可以向大学生群体提供图书馆的通知、公告与培训信息，提供借阅信息提醒、自习座位实时状态、招聘信息等；对于教师群体，高校图书馆可以将学科服务整合在微信公众平台上，为教师实时提供学术与科研的相关信息。目前，微信公众平台提供的移动信息服务内容主要包括图书馆馆藏图书的查询、续借、推荐、读者讲座、培训、活动通知，定位服务，实时咨询与反馈等。

总之，微信公众平台服务模式扩大了高校图书馆移动信息服务的范围，弥补并消除了一些高校图书馆在资金投入方面的不足和技术支持方面的障碍，降低了高校图书馆提供移动信息服务的门槛。移动 4G 的普及使超大文本与视频传输成为可能，高校图书馆可以借助微信平台向用户推荐更多的移动内容服务。

5. 高校图书馆移动信息服务云平台模式

移动环境下，用户对信息资源内容与个性化服务水平的要求进一步增强，高校图书馆移动信息服务的基础就是资源建设，为了弥补单一馆藏的不足以及资源的重复浪费，构建安全、可靠、高效、统一的用户云平台至关重要。

因此，我们应从宏观上建立国家级的共享移动资源内容，通过汇集各高校图书馆订购的馆藏资源构建电子资源内容云，建立高校图书馆间的虚拟"地球村"，使各高校图书馆能够实现资源共享，共同使用移动数字云资源库。高校图书馆通过云内容按需为用户提供全天候的移动服务。当前，中国高等教育文献保障系统（CALIS）的 e 读平台已经初步具备了上述功能。

除此之外，美国国家标准与技术研究院（NIST）从用户云服务体验的角度将云服务划分为 IaaS、PaaS、SaaS 三种服务模式。高校图书馆可以依据本馆的用户类型、用户规模与用户需求重点突出某一种云服务模式或将几种云服务模式相融合来构建本馆个性化的云服务模式平台。

总之，我国高校图书馆在移动服务上不断探索并取得了一定成绩，但真正推出移动服务的高校图书馆数量有限且社会覆盖率还有待提高。因此，我国的高校图书馆应根据本馆实际情况，开发符合不同用户信息需求的服务模式与创新服务内容。

三、信息共享空间服务模式

随着计算机技术、多媒体技术、网络技术、现代通信技术的发展，人们的学习方式和接收信息的方式发生了重大变化，学习环境更多强调协作性和共享性。在这种环境的要求下，高校图书馆以用户为中心的信息服务模式，即基于用户的信息需求，以满足用户信息需求为目标的信息服务工作模式应运而生。20 世纪 90 年代初，美国高校图书馆界为了满足高校这种研究和学习的需求，产生了一种新型服务模式——信息共享空间。最初的信息共享空间只是一个供学生写论文和编程的电脑学习室。经过多年的发展，现在信息共享空间已经发展成为一个可以为用户提供各种信息集成服务的场所，成为美国高校图书馆备受用户欢迎的主流服务模式，这为构建我国高校图书馆的信息共享空间提供了理论和实践上的指导。

（一）信息共享空间的模式

尽管现在在美国的高校图书馆中，信息共享空间已经是主要服务模式之一，但是对于这种模式的研究，学者和专家有不同的观点，其中具有代表性的有两层次模式和三层次模式。

1. 两层次模式

美国北卡罗来纳大学的唐纳德·比格尔（Donald Beagle）是两层次模式的主要倡导者。他在自身实践的基础上，于1999年提出了"信息共享空间"这一概念，认为信息共享空间是以数字化信息资源环境为背景、为信息供需双方特别设计的一个协同工作空间，它可以使用户与馆员、用户与用户之间进行显性和隐性知识的交流，通过对组织、技术、资源和服务进行有效整合，实现用户的信息交流。另外，他将信息共享空间划分为虚拟空间和物理空间两种。虚拟空间（virtual space）是指利用网络环境提供数字资源的一种方式，用户可以通过友好的图形界面（GUI）和搜索引擎从多个工作站点获取数字信息服务。除本馆藏书目信息外，该服务还提供多种数字信息资源。通过组织办公场所和提供各种服务，物理空间（physical space）为虚拟的数字资源环境提供物理支持。

2. 三层次模式

贝利（Bailey）和蒂尔尼（Tierney）认为信息共享空间由宏观、微观和综合三个层次构成。宏观信息共享空间是指对全世界的信息，特别是网络信息资源建立起来的共享空间，是一种广义的概念。微观信息共享空间是指一个拥有计算机或数字技术，以及各种外围设备、软件支持和网络基础设施高度集中的场所。综合信息共享空间使得各类数字信息资源能够集成在一起，形成了一个供研究、教学、学习使用的信息空间。

此外，吉姆·邓肯（Jim Duncan）和拉里·伍兹（Larry Woods）也提出了三个层次的概念，将信息共享空间分为物理层、逻辑层和内容层三个层次，并分析了不同层次存在的应用壁垒。例如，对上网计算机的管理、为各种软件设置许可协议和序列号以及对数据库的访问采用IP地址限制等均妨碍了信息的自由流动和共享。

尽管学者和专家提出的模式不尽相同，但基本的思想是一致的，即信息共享空间是为用户提供一站式服务和协作学习环境的场所，它整合了图书馆中各种软硬件资源、数字信息资源及图书馆人员，为用户提供了一个可以进行信息检索，并能进行交流、学习和协作的空间。

（二）信息共享空间的基本原则

2005年3月在上海举行的第三届中美图书馆合作会议上，美国图书馆专家提出了构建信息共享空间的基本原则。根据笔者的观点，国外信息共享空间的基本原则可以归结为以下三个方面。

1. 需求动态性

随着用户信息意识的增强，用户的需求呈现动态多元化发展趋势。首先，获取信息的途径多元化，用户除自己查找、借阅书籍，更多是依赖馆内的主动传递。其次，由于学科之间的相互影响和新兴学科的涌现，用户对信息的需求变得更加广泛、多样，因此需要提供更加专业化的服务。为了满足用户的实时需求，信息共享平台需要采用先进的服务技术，及时响应用户的信息需求。

2. 服务集成性

图书馆应为用户提供一个综合性的信息共享空间，包括参考咨询、多媒体服务、研究型服务和技术服务等，旨在满足用户研究、教学、学习和娱乐的需求。用户通过集成服务机制一站式获取所需信息，并以最小的代价在最短时间内获得所需信息。

3. 知识共享性

传统图书馆服务无法满足用户的个性化信息需求，也无法提供可协作和自由交换信息的共享平台，而信息共享空间则能够满足这些需求。在这样的一个合作工作环境中，用户可以通过与其他用户、员工和专家进行交流来获取信息，同时也可以利用信息共享空间提供的各种设备来获取网络信息资源。它扮演着重要的角色，让用户获取、分享及创新知识变得更加容易。

（三）信息共享空间的目标

无论采用何种模式，高校图书馆应用信息共享空间的目标应有如下四点。第一，为用户提供个性化服务，解决他们的各种信息需求，让用户能够享受一站式的服务，允许用户自由选择并获取硬件设备、软件资源以及网络信息资源，充分利用图书馆资源。第二，用户可以从图书馆馆员、计算机专家及多媒体工作者那里获得各种帮助和咨询服务，在信息共享空间工作人员的指导下进行学习和研究，充分体现了图书馆以用户为中心的服务思想。第三，强调集中式学习研究，为用户提供一个良好的学习、研究和交流的空间。第四，培养用户检索、评价和使用信息的能力，从而提高用户的信息素养。

第三节 高校智慧图书馆服务的现状、问题与创新

一、高校智慧图书馆服务的现状

（一）传统服务的拓展

1. 传统服务向基于网络的服务的拓展

（1）基于网络的信息检索服务

信息检索服务包括对馆藏文献目录的检索、馆藏数字资源的检索和网络资源的检索。目前，我国高校图书馆大多数都建立了适合用户远程访问的检索系统，用户可在网上进行馆藏书目、期刊篇目、期刊全文的查询，并下载所需信息。当前我国高校图书馆已将该服务方式作为基础性服务，并取得良好效果。然而，自主建设数据库的进展却远远落后于引进数据库，并且仅有极少部分的高校建有自己的特色数据库。

（2）数字参考咨询服务

网络环境的双向交互性使传统参考咨询服务向网络空间扩展成为可能。用户可通过图书馆主页上的"用户使用指南"或"读者指南"获得一般性问题的帮助；可通过电子邮件和Web表单向服务人员进行问题咨询，服务人员可以用同样的方式将答案传递给用户；用户可以利用软件进行实时数字参考咨询，通过网络与信息服务人员实时在线沟通，以得到解决问题的答案。网络参考咨询服务即数字参考服务，是传统参考咨询服务的拓展，也是图书馆信息服务需加强的方面，是信息服务的发展方向。目前，我国大多数高校图书馆都在各自的网站上开展了形式多样的信息咨询服务，主要有以下四种常见的服务模式。

①自助式咨询服务

目前，我国41%的高校图书馆可通过自助咨询方式解答读者在日常利用图书馆资源方面遇到的问题，比如帮助系统或FAQ这种模式解答。随着问题数量的增加和检索方式的便捷化，一些高校图书馆已经开始推行FAQ数据库系统。

②非实时咨询服务

非实时咨询服务指的是用户的提问与专家的解答是非即时的，目前主要

采用电子邮件、电子表单等方式实现。通常的做法是在图书馆主页或某个网页上设立"参考咨询"或"询问图书馆馆员"链接。这是图书馆的数字参考咨询窗口,读者可以用电子邮件、Web咨询表等形式提交请求,并登记请求人的姓名、单位、电子邮件、咨询问题、已知信息线索等。高校图书馆参考咨询工作的服务形式正逐步转变,非实时参考咨询服务因为在校园网上的普及而成为主要形式之一,受到读者的欢迎。目前,我国有26%的高校提供了电子邮件咨询服务,有37%的高校提供了留言板咨询服务。

③实时交互咨询服务

实时交互咨询服务是指读者和咨询专家可以通过同步交流达到面对面沟通的效果,同时还能即时显示图像和文字。相较于电子邮件或表单咨询,它具备实时性,更加方便和高效。这种服务不仅能够弥补其他方式的不足,还能够极大地促进图书馆数字参考咨询服务的发展。目前国内高校图书馆中只有不到8%的院校推广了这项服务,国内高校图书馆还有很大的提升空间,且与美国研究图书馆协会(ARC)成员馆中提供实时交互咨询服务的图书馆所占的29%的比例相比,这一数据还有提高的空间。

④合作式参考咨询服务

多个成员馆之间达成了协议,建立了互联网络,提供合作式参考咨询服务。这种服务可以在用户需要的任何时间和地点,通过联合的图书馆和相关机构实现。这种服务模式运用最新的信息技术,在最相关的信息资源中提供最好、最准确的答案。目前,我国只有清华大学和北京大学组成国内合作组开展了这项服务。而在美国,仅在洛杉矶地区就有40多所图书馆提供这项服务。

(3)基于网络环境的用户教育服务

随着数字时代的到来,高校图书馆用户教育已经发生了变化,学生和教师对学习和信息获取的方式、形式和手段都有了更高的要求,而传统的教育方式已经不再适用。因此,我们必须采用新的教育手段和策略来满足他们的需求。高校图书馆需要针对数字环境更新用户教育的内容和方式。当前,用户教育正朝着数字化、网络化的方向发展,远程教育、在线教育、自主学习方式都得到了广泛应用和普及。许多教学方式都可以借助互联网来实现,比如通过网站提供讲义、课件等材料下载。网络为高校图书馆提供了常年开展用户培训的平台,读者可以根据网上公布的课程表选择自己感兴趣的课程。

根据各国发达图书馆的用户教育情况来看，远程教育已成为主要的教育方式，这也使得图书馆的教育功能得到了加强。自20世纪90年代起，美国大学图书馆已开始广泛采用网络和多媒体等现代信息技术，通过互动或非互动的方式为用户提供培训。目前，我国高校图书馆仅有28%的机构使用其网站向用户提供远程培训服务，其对于培训方法和内容的探索仍处于初级阶段。

（4）基于网络的信息传递服务

随着网络环境的形成，网络信息传递方式将逐渐取代传统信息传递服务方式。两者间最大的不同在于网络信息传递服务传递的对象是电子化、数字化文献。网络信息传递服务主要利用计算机网络通过电子邮件、FTP及数据库文件记录电传等方式向用户提供各种原始文献，是网络环境下传统图书馆信息服务方式的延伸和发展，具有方便、快捷、经济、时效性强等特点。但我国高校图书馆在这方面的服务还不尽如人意，只有23%的开展率。

（5）教学与科研支持服务

该类服务主要有两个方面内容：一是教学支持，即为教师和学生提供链接网上课件的服务；二是学习资料的支持，主要是通过网络为学生提供课程指定参考书和教学资料网页服务，该服务旨在帮助教师和学生改善教学与学习过程，提高教学与学习的质量。这样的支持服务在英美等国大学中已相当普遍，图书馆馆员已成为推动教学新技术应用的主力军。目前，我国高校图书馆的远程教育支持服务尚处于起步阶段，仅有部分高校图书馆为用户提供学习与教学支持服务。例如，华东理工大学图书馆的"精品课程"栏目，汇集了学校品牌课程的学习课件及课程学习的相关材料，学生可以在这个站点获取这些课程的教学大纲、讲义、教案、学习参考材料及课程习题。除此之外，还有清华大学图书馆的"高校教参数据库"和教参信息系统、西安电子科技大学图书馆的"教师空间"栏目。

（6）个性化信息服务

个性化信息服务是专题服务的延伸，用户可以根据自己的目的和需求在特定的网上功能和服务中定制信息来源、呈现形式、特定服务等，以便更方便、快捷地获取所需的网上信息服务，这样可以满足不同用户的个性化需求。在国外，个性化信息服务已经取得了初步成果，并且已经进入了实际应用阶段。目前，美国的高校图书馆中已经普遍采用 My Library 和 My Gateway 等比较完善的服务系统。我国数字图书馆的个性化服务仍在起步探索阶段，由于技术、设备和资金的限制，目前只有15所高校图书馆（如清华大学、中国人民大学等）提供网络个性化定制服务，仅占高校总数的4%。

2. 传统服务在其他方面的拓展

（1）服务时间的延长

由于新技术的不断发展和完善，大容量不间断电源以及集群、容错技术的发展，使得绝大多数的高校数字图书馆在网上提供全年 7×24 小时的不间断服务成为可能。

（2）服务对象的拓展

传统高校图书馆的用户主要是教师和学生，目前由于各馆都提供了基于网络的信息服务，因此服务对象也拓展到了其他类型的网络用户，各行各业的潜在用户大量增长，需求也呈现多样化趋势。

（3）馆员角色的转变

传统图书馆的馆员是文献信息的提供者，是文献和用户的中介。由于在数字环境下用户获取信息的自由程度更大，渠道更多，因此馆员的角色要从文献传递者转向信息资源的管理者，馆员的工作将从检索代理转向检索指导，馆员将成为网络信息导航员。

（二）高校智慧图书馆新的服务方式的展开

1. 学科信息门户

学科信息门户（SIG）是将某一特定学科领域的各种信息资源、工具和服务整合为一个整体，旨在方便用户进行信息检索和服务获取的系统。作为一种新型的信息服务平台，学科信息门户从最初只收录因特网资源，在不断发展壮大后现在已经能够涵盖馆藏实体资源，如二次文献数据库、全文数据库、馆藏目录、联合目录等，并通过在同一界面的无缝存取，将这两种资源整合成一个易于检索和使用的有机整体。该平台整合了由图书馆馆员和学科专家进行选择和描述的各种资源。它能够根据用户需求，灵活地将网络上相关的信息资源进行整合，并深入地揭示其学科（专题）背景。该平台为用户提供更加专业化的信息服务，并帮助他们在本领域的信息市场中选择高质量资源，获得一站式检索，免去逐个访问不同网站的麻烦。SIG是一个备受欢迎的网络学术资源，它提供了高质量的、快速而便捷的检索服务，供全球的研究人员和大学教师使用。

2. 网络信息资源导航服务

网络信息资源导航是指对网络上的电子资源按某种方式进行收集、加工和整理，向用户提供这些资源的分布情况，供用户查找、获取网上资源，是对因特网上某一领域信息进行收集、组织、整理和有序化的资源重组工作。高校图书馆可以通过利用校园网和图书馆主页，根据学生需求，针对学校的重点学科在网上收集有关信息资源，找到与研究相关的网址，并对这些信息资源进行搜集、筛选、分析、组织、整理，按学科分类，然后将其链接到图书馆主页上，创建一个信息导航系统，使读者可以快速、准确地找到所需信息。在我国，CALIS 重点学科导航库是一种典型的互联网导航系统，它是被列入"211 工程"计划并进行图书馆共建的高校项目，对于这些已经确定开展的高校重点学科服务，应将网络资源按照学校和分类分别进行编排，以便进行收集和整理。目前，已经有 52 家图书馆参与了该导航库的共建。该导航库的建设学科涵盖了除军事学（大类）和民族学（无重点学科）外的 78 个一级学科范围。其中，有 48 个学科获得了经费的重点资助，有 13 个学科获得了一般资助，还有 17 个学科未获得资助。

3. 搜索引擎服务

网络信息资源的无序化给用户的专指性需求带来了很大困难，于是就出现了以谷歌、百度、雅虎等为代表的搜索引擎，它们的出现极大地满足了用户在网上进行信息搜索的需要，减少了用户的盲目性。当前，搜索引擎的技术也在不断更新，通过高校图书馆提供的这些搜索引擎的超链接，用户只需在检索框中输入检索词就会得到大量相关信息。但目前的搜索引擎在信息过滤方面还存在一定的问题，反馈的信息中无关信息占很大比重，这也是搜索引擎以后要解决的问题。

二、高校智慧图书馆服务存在的问题

我国高校图书馆已经拥有相对稳定的网络服务结构，Web 站点数量大幅增加，服务的内容和方式得到了不断改善，服务范围和深度也已经达到了一定的水平。一些顶尖院校，如清华大学、北京大学、上海交通大学、中国人民大学等，在提供现代化的在线信息服务方面采用了先进技术，并且已经与国外一些发达国家的高校图书馆水平相当，有些学校还形成了自己独具特色的服务模式。然而，目前我国高校图书馆的智能化服务仍有许多不足之处，面临着各种问题和挑战。

（一）资源建设方面

1. 资源重复建设现象严重

目前，我国高校图书馆纷纷开展数字化建设，但很多高校图书馆主要为各自为政的模式，导致信息资源的重复建设和配置问题依然比较突出。大多数大学的图书馆所购买的数据库和电子书籍资源通常只限于在校园网内使用，这也就意味着那些来自校外或者使用其他公共网络的本校读者无法使用这些资源。因为各个高校的教学和研究方向不同，所以每个图书馆的收藏重点也有所不同，很少有一个图书馆收藏了所有学科领域的资料，这显然与培养全面发展的人才的目标背道而驰。此外，要打造一个一流的图书馆，需要克服资金上的巨大挑战。因此，加强各高校图书馆之间的合作显然是一个明智而具有前瞻性的办法。尽管我国高校图书馆资源的合作共享有一定程度的改善，但目前的情况还有待进一步完善。有些图书馆出现了重复购买图书的情况。虽然图书馆要求收集和服务做到尽可能全面，但是也不能因此而过度重复。中国期刊网和维普中文期刊数据库存在相同的中文数据，在不少高校图书馆中都有同时订购这两个数据库的情况。若我们细心观察，则可以发现其他一些电子资源在学科覆盖范围等方面是相互关联的。

2. 特色资源少

其特色资源少主要体现在高校图书馆自主建设的电子资源贫乏方面。尽管每个学校都有多种数据库，但大多采用引进成型的数据库或共建项目，只有较少一部分是自建的，除有学位论文数据库、各种目录数据库、学科导航库等外，只有几所高校的图书馆提供其他特色自建数据库服务，如北京大学、清华大学、中国人民大学、华中科技大学、上海交通大学、吉林大学、四川大学等。

3. 资源质量参差不齐

传统印刷文献资源具有可靠性高、易于质量管理等优点，因此辨别真假、拒收和剔除都相对容易。但是，网络资源数量庞大，并且发布方式随意，导致大量垃圾信息存在，这给图书馆利用网络资源带来很大挑战。

（二）深层次服务方面

1. 咨询服务水平不高

一些著名大学的图书馆提供了在线数字咨询服务，并且已经得到了很好的发展。但是，在一些地方的高校图书馆中，参考咨询服务并没有实现预期的效果，出现了服务内容不够全面，服务手段不够先进等问题。研究表明，电子邮件咨询、电话咨询、表单咨询、FAQ 和留言簿等方法是数字化信息咨询服务的基础形式，但它们的应用在各学校之间存在显著差异。只有一小部分高校已经实现了实时咨询和信息推送服务，而大多数仍处于初级阶段。在网络快速发展并且资源不断增长的情况下，用户所期望的信息内容要求越来越个性化和及时化。

2. 对于知识的深层次挖掘不够

高校图书馆馆员以其出色的资源整理和组织能力而闻名。随着网络信息资源的快速增长，如何有效地整理和分析这些资源，为用户提供个性化的信息导航和推送服务，尤其是面向本校重点学科领域的导航系统，这已成为高校图书馆面临的一个全新挑战，因此，我们需要进一步提高国内高校图书馆在这方面的水平。

3. 用户教育工作开展的力度不够

随着数字化时代的到来，高校图书馆通过网络向用户提供越来越丰富的数字资源。怎样使用户正确地获取他们想要得到的资源，培养用户获取信息的能力是高校图书馆在新形势下面临的新的课题。目前，国内很多高校图书馆对用户教育工作都处于比较被动的情况，缺乏和用户的沟通，只注重购买各类电子资源，而对培训用户利用这些资源和对这些资源的宣传缺乏足够的认识。除了继续开展传统的教育方式，如导读、授课、讲座等，高校图书馆应充分利用数字环境带来的便利，开展用户教育的新方式，如开发各种课件、开设网络课堂等。

（三）高校图书馆本身存在的问题

1. "读者第一"的服务思想没有真正得到落实

由于目前很多高校图书馆的管理体制依旧是基于传统的"大锅饭"形式，所以部分馆员缺乏事业心、缺乏创新精神和竞争意识、缺乏主动服务的意识。

2. 自动化建设水平不高

要开展信息服务，图书馆必须具备一定的计算机软硬件系统及网络环境。然而，由于在资金投入方面同重点院校和"211"院校图书馆存在很大差距，许多地方高校图书馆的计算机硬件系统配置不佳，自动化、网络化和数字化程度不高，网络系统的带宽、速度等也不够理想，这些都对查询、检索信息资源存在一定的影响。

3. 馆员整体素质有待提高

近年来，虽然高校图书馆馆员的素质有了进一步的提高，也相继引进了一批学历较高的人才，但馆员的整体素质距离开展高层次信息服务的要求还有很大差距。数字环境下高校图书馆的馆员除了要具备一定的专业知识，还要掌握一定的计算机知识和网络知识及一定的外语知识。高水平的服务需要高素质的复合型人才，然而目前高校图书馆由于多方面的原因普遍缺乏这种复合型人才，导致服务水平很难得到提高，无法满足用户多方面的信息需求。因此，在新的情况下，高校图书馆馆员的能力和水平需要进一步提升。

总的来看，当前高校图书馆存在的这些难题已经严重妨碍其运营，降低了服务水平，成为高校图书馆可持续发展的绊脚石。因此，我们需要采取创新性的举措来解决这些问题，并逐步克服各种阻力，以确保高校图书馆的事业健康持续发展。

三、高校智慧图书馆服务创新的主要内容

通过将智慧元素融入高校图书馆，文献信息、用户需求和馆员技能水平都得到持续提升和变革。尽管这样做有益，但我们还需应对信息资源、读者、馆员和技术等构成高校图书馆服务基石的因素问题，并不断进行创新，以达到让高校图书馆真正智慧化的目的。高校图书馆的服务创新体系应该是全面、多元化的，包括人员和资源、观念和实践、硬件和软件等多个层面的因素。这些要素相互作用，组成了一个完整的服务创新体系。

（一）高校图书馆服务理念的创新

1. 以人为本的理念

高校图书馆的管理先是对人的管理，这里的"人"包括两个方面：一是图书馆馆员，二是图书馆的服务对象，即读者。这两方面的管理均具有重要意义。高校图书馆一直以"读者第一"的理念作为工作的基本准则。在20世纪80年代，罗森帕斯旅行管理公司的总裁提出了一种以"顾客第二"为核心的企业管理方式之后，"职工第一、读者第二"这一理论命题被引入图书馆界，引起了业内的广泛讨论和争议。直至此刻，相关文章仍在期刊上不断涌现，讨论仍在蔓延。有些人主张以读者为中心，而另一些人则认为这种观念已经过时，应以图书馆馆员为中心。有学者认为：这两个概念并不矛盾，只是角度不同，读者第一是从整个图书馆的服务来讲的；而馆员第一是从图书馆管

理的角度出发的；从整个图书馆事业来讲，仍然应该坚持读者第一；对于图书馆的管理层来讲，馆员第一是应该坚持的，两者不在一个层面上。只有把图书馆馆员放在一个重要的位置，才能更好地做好读者工作，真正实现读者第一，这就是辩证法。为此，高校图书馆应该在"以人为本"的理念下，致力于提高服务主体馆员的岗位素质，这是其中的一个方面。另外，需要在满足读者的需求的同时，注重对读者的教育，促进他们素养的提高，并采取多种措施，以尽可能地满足的读者个性化需求。

2. 个性化服务理念

信息服务旨在满足用户个性化的信息需求。数字图书馆的用户群逐渐多样化和个性化，需要满足更广泛的信息需求。个性化信息是根据每个人的独特需求组成的信息集合，这些需求来自个人独特的特点，这种信息组合包含了针对每个人而言有用的信息。个性化信息服务具有双重意义：其一是利用用户的个性化和使用习惯进行分析，主动向用户提供可能需要的信息服务，如个性化信息推送和信息服务定制；其二是个性化信息服务应该能够根据用户的认知方式、个性偏好、信息需求和使用习惯等方面，提供恰当的提示和引导，激发用户的需求，并促进用户有效地搜索和获取信息。这样，用户可以在有效利用信息的基础上，开展知识创新活动。高校图书馆的读者具备不同的特点，因此应该提供个性化信息服务。如，为学习型读者提供教学参考服务，为研究型读者提供定题服务，还可以通过个性化的信息推送服务来满足不同读者的需求。每一家图书馆都应该具备独特的特点。图书馆的独特之处主要表现在以下方面：藏书方面的独特性、服务方面的个性化、管理方面的创新性、科研方面的专业性及环境方面的舒适性等。

3. 特色理念

任何图书馆都应该有自己的特色。图书馆的特色主要体现在馆藏特色、服务特色、管理特色、科研特色和环境特色等方面。高校图书馆由于其本身的特点，应将重点放在馆藏特色上。馆藏特色是指馆藏文献在某一方面比较系统、完整，能基本满足特定读者独立研究的需要，具体可表现为学科特色、专题特色、地方特色、类型特色、语种特色等。尤其是在学科特色方面，应根据本校的学科建设和专业设置，合理地配置信息资源，建立本校的特色数据库，为本校的教学、科研和重点学科建设服务。

4. 信息资源共享理念

在20世纪，信息资源的共建共享已经成为信息需求和技术发展的一项必要举措。随着文献数量的激增,资料价格的飙升及新技术的广泛应用,资源共享已经成为经济和实用的代表。除了经济上的必要性,合理使用图书馆资源更为关键,以免重复建设,造成浪费。高校图书馆可以借助教育网的支持,利用数字化、电子化和网络化等技术手段,打造一个互动互通、全方位的服务网络体系,实现资源共建共享的目标。

5. 学习理念

除了提供教学和科研服务,高校图书馆还承担着重要的职责,即为用户提供终身教育的场所。可是,当前高校图书馆存在的一些客观缺陷影响了它的终身学习和继续教育能力,比如传统组织机构层级过多、工作效率不高、馆员整体素质偏低等问题。所以,高校图书馆必须引进先进的学习理念,对组织结构、管理体制、馆员队伍的思想意识等进行改造,建立和谐、高效的学习型图书馆。

(二)高校图书馆服务内容的创新

这里所说的"服务内容"主要是指信息资源的建设。高校图书馆作为教学和科研服务的文献信息中心,在重点学科建设中起着重要的文献保障作用,是教学、科研及学科建设的重要支撑力量。因此,高校图书馆要大力推进馆藏实体资源及网络信息资源的开发与建设,并努力实现高校图书馆间信息资源的共建共享,在构建重点学科文献信息资源体系的同时,要注重网络信息资源知识内容的开发,为读者提供深层次的服务。

1. 信息资源的共建共享

高校图书馆能够共建共享信息资源,得益于信息技术的快速发展所提供的技术支持。通过中国教育科研网、因特网及CALIS文献信息服务网络等资源,我国已经成功地建立了现代高等教育信息资源保障系统的基础框架,其中包括具备公共检索、馆际互借、信息传递、协调采购和联机合作编目等多种功能。高校、城市、地区,甚至国家之间可以合作、协商,共同购买信息资源来充实馆藏,并且相互借阅实现资源共享。同时,每个地方也可以独自管理这些资源。面对新环境和新需求,高校图书馆需要加强信息资源的合作共建和共享,以满足用户的需求。这种做法可以协同发展高校文献资源建设,更好地为教学和科研提供服务,并实现信息资源在系统、地区和全国范围内的共建和共享。高校之间共建共享信息资源可以相互补充优势,同时还可以避免不必要的资金浪费。再者,通过实现信息资源的联合建设和共享,高校图书馆的信息服务能力也会得到提升，进而向读者提供更优质的信息服务。

2.数字化资源建设

随着网络技术的发展，无论印刷型文献信息还是电子信息，若要在计算机网络上进行自由传递，其前提条件就是将信息数字化。数字化指将各类载体信息，包括数字、文字、声音、图形、图像等都转换成计算机可识别的由0和1组成的二进制数字编码形式。

数字化资源建设包括两个方面：一是把本馆印刷型文献进行数字化并放到网络上供读者检索；二是对各类电子出版物的引进。数字化信息资源的最大优势在于不仅可以节省馆藏空间，还可以提高读者服务的效率和质量。对于数字图书馆来说，将图书馆馆藏信息数字化是必要且合理的。在数字化过程中，可先将馆藏需求量大的特色资源、图片、地图、档案等进行数字化，同时根据读者需求引进有助于学校教学、科研的各类型数据库以供读者使用。

（三）高校图书馆服务方式的创新

1.基于网络的信息传递服务

随着网络环境的逐步成熟，基于网络的信息传递服务成为越来越重要的新型信息传递服务形式。与传统信息传递不同，网络信息传递的对象是数字化资源，其传递速度快、质量高，范围也更广，而且可以节省信息传递成本。

开展网络信息传递服务，需要具备一定的软硬件环境，如计算机、传真机、扫描仪等设备。高校图书馆应通过各种网络文献数据库、电子邮件、电话、传真等手段为用户提供周到、快捷的信息传递服务。近年来，在高校图书馆界，CALIS管理中心在资源建设方面的统一规划和科学组织，使高校图书馆的资源共享、馆际互借、网络信息传递服务等工作得到了迅速开展。一批规模较大、馆藏丰富、人员素质较高、服务意识较强的高校图书馆发展成为我国文献传递服务的核心单位。

2.基于网络的数字参考咨询服务

数字参考咨询是以网络为媒介提供参考咨询服务的一种方式，这种服务方式在国外大学图书馆已非常普遍。数字参考咨询最基本的特点是基于网络进行的，因而它的用户基础、咨询方式、咨询内容都在发生着变化，从到馆读者发展到网上用户，从面对面的方式发展到突破时间、空间的限制，从单个馆的咨询发展到合作式的参考咨询，网络技术和基于网络的信息交流在其中起着重要的作用。

按照与用户接触的方式划分，数字参考咨询可分为异步模式、实时互动模式和合作咨询模式三种类型。异步模式主要采用电子邮件、电子表单等方式实现，这是目前高校图书馆普遍采用的模式。实时互动模式就是咨询馆员与读者可以面对面交流，能及时显示图像和文字的方式。这种方式弥补了异步模式实时性不足的缺点，为图书馆数字参考咨询服务开辟了广阔的发展前景。目前，高校图书馆实时互动式参考咨询通常利用的是聊天软件，用户通过口令和浏览器进入系统，咨询人员实时为读者提供解答咨询服务。合作数字参考咨询由许多成员馆根据协议组成，通过多个图书馆及其相关机构的互联网络，可在任何时间、任何地点为用户提供参考咨询服务。这种服务模式运用最新的信息技术和网络资源，当然还包括成员馆的丰富资源。

高校图书馆应依据自身实际情况，选择适宜的参考咨询服务模式。对于那些中小型的图书馆，由于受经费、技术能力等的限制，选择异步数字参考咨询服务是可行的，其也可以将数字化参考咨询与传统参考咨询结合起来为用户提供服务。那些软硬件条件、人员素质较高的大型图书馆可借鉴国外数字参考咨询服务的成功经验，结合国情开展实时互动的数字参考咨询服务，甚至向合作式参考咨询服务的方式发展，提高其服务能力。

3. 网络信息资源导航服务

互联网上的信息纷繁、复杂，大量有价值的信息散布在信息的海洋中。用户虽然可以通过搜索引擎等网络检索工具查找所需要的信息，但质量以及根据自身特定需求对信息利用的能力较弱。建立网络信息资源导航的目的就在于为用户提供特定学科范围或某一主题的网上信息资源的集合，便于用户获取信息，减少他们查找信息的时间，使他们能够更加快捷、方便地进行信息交流与科学交流。高校图书馆应充分发挥自身专业特长，根据本校的学科分布特色，有针对性地收集、整理信息资源，并进行筛选、鉴别，为用户提供分学科的网上信息导航。

4. 个性化网络信息服务

个性化网络信息服务是指利用个性化定制技术和信息推送技术，按照特定用户的偏好、习惯等开展信息服务，通过网络提供个性化的服务，将感兴趣的信息推荐给用户，进而满足用户的个性化需求。个性化信息服务是为用户量身定制的服务，能够主动将用户所需的信息推送给用户。目前，图书馆开展的个性化网络信息服务大多是通过开发 My Library 系统来实现的，即"我的图书馆"。例如，中国科学院国家科学数字图书馆提供的个性化集成定制服务,即"我的数字图书馆"服务,它所提供的可定制的选项包括界面风格定制、我的参考咨询服务、定制快速检索、我的图书馆链接、我的教育研究资源链接、我的参考书架、我的全文数据库、最新资源通报。个性化的网络信息服务是高校图书馆创新服务的一种有效形式,是高校图书馆以读者为中心的具体体现,是提高服务质量和服务水平的重要手段和有效途径。

(四)高校图书馆人力资源管理的创新

1. 设立学科馆员制

设立学科馆员制,就是要让学科馆员定期来到院系,向院系的师生介绍图书馆关于本学科的新资源,提供的新服务,要深入各学科了解教学和科研对专业文献信息的需求,有针对性地对学科专业文献信息进行收集整理和分析研究,以及进行相关创新知识的整合,主动为各学科读者和课题研究人员提供高水平、深层次的信息服务。学科馆员的设立为那些具有专业学科知识,又有一定的信息服务技能的馆员提供了发挥他们特长的空间,同时能激励他们进行专业领域学术的研究,不断提高自身的专业素质,从而在整体上带动整个图书馆队伍素质的提高。

2. "以馆员为本"的激励机制

"以馆员为本"主要是针对图书馆的管理者来说的,高校图书馆的管理者不仅要有"以用户为本"的思想,还要树立"以馆员为本"的思想,充分调动馆员的积极性,激励他们不断地进行创新。只有通过激励机制,奖勤罚懒,按业绩、按劳动量、按创造性进行合理分配,才能使馆员在工作中真正发挥其积极性和创造性,更好地为读者服务。

高校图书馆建立激励机制的具体方式有物质利益激励方法、个体精神激励方法、外部因素激励方法。高校图书馆在实施激励机制的过程中,要恰当地进行物质利益激励,因为这是改善图书馆馆员生活环境和生活质量的基础,也是馆员学习和工作的基础。个体精神激励方法包括榜样激励、荣誉激励、绩效激励、目标激励和理想激励。外部因素激励包括组织激励、制度激励和环境激励。

3. 完善人才培养机制

由于馆员的素质对高校图书馆的事业有着非常重要的意义,这就要求高校图书馆要重视对人才的培养,加大对人力资本的投入力度,促进馆员的知识更新和技能提高,鼓励馆员积极参与学习。高校应建立人力资源的教育培训体系并使之制度化,将使高校图书馆的人力资源开发工作走上科学化的轨道，从而避免因为领导的变动和主要领导的个人偏好不同导致在人力资源教育培训计划上出现大的反复。为此，高校图书馆要建立正常的馆员教育培训制度，使馆员把学习新知识、新技术、更新思想观念作为自己安身立命的根本，把学习和培训作为一种积极的自觉投资，而不是作为一种被迫的额外消费。高校图书馆可通过在职进修、轮岗制度、馆内培训和外出学习等方式对馆员进行再教育。高校图书馆有责任为员工提供一个高效的、不断学习的环境，使图书馆馆员能随时利用各种机会学习、进修专业知识，这样不仅能使馆员的个体素质得到提升，还能使高校图书馆的整体人力资源水平有大幅度提高。

　　总之，高校图书馆只有不断地创新和完善人力资源管理，树立"以馆员为本"的理念，吸引和培养一批具有创新能力和创新精神的高素质人才，才能适应新形势的要求，才能实现自身的可持续发展。

第四章
公共智慧图书馆服务研究

本章主要从公共智慧图书馆的读者类型与服务模式、公共智慧图书馆的服务系统基本构成及公共智慧图书馆服务的现状、成效与应对三个方面对公共智慧图书馆服务展开了研究。

第一节 公共智慧图书馆的读者类型与服务模式

一、读者类型

为了更好地将公共图书馆转化为信息中心,我们应该对读者的特殊信息需求展开深入研究,从而为其提供更具针对性的服务。通常,公共图书馆的用户可以被归为两类,即普通读者和弱势群体读者。

(一)普通读者

公共图书馆的普通读者是学生、教师、工人等在心智、形体等方面均成熟、正常的用户。这类读者的信息需求比较广泛,公共图书馆可为这类读者提供文学书籍、专业书籍等资源。

(二)弱势群体读者

与普通读者相反,弱势群体读者是指在心智、形体、生理、文化水平等方面有欠缺的用户,如老年人、未成年人、残疾人士、服刑读者等。随着老年读者用户的退休,他们拥有更多的自由时间,并且在所有读者中所占人数比例最高。他们对新闻时事的关注度很高,生活相对闲暇。少儿读者指的是那些年龄在2岁到10岁范围内,热衷于阅读漫画书籍的年轻读者。视力或听力受损的读者是残障人群的一部分,他们需要特别的信息资源格式来满足他们的阅读自身需求。服刑的读者在自由和空间上受到限制,因此公共图书馆可以设置分点来为这一特定群体提供服务,可以提供一些类似普法书籍和其他阅读材料。

二、服务模式

公共图书馆是为公众提供阅读、学习、娱乐服务的场所,其服务模式也应为公众所推崇的。与商业图书馆不同,公共图书馆以免费、开放的服务为主要特点,其服务模式主要包括以下三种。

（一）开放式服务

为了吸引更多民众全面参与图书馆的服务活动，公共图书馆采取了开放式服务模式，并重新设计了服务平台和运营机制。由此，信息得以在公众和图书馆之间交互。读者不仅是服务接收者，还能积极参与到服务活动中来。这种模式使得公众不仅是公共图书馆资源的需求方，也成为资源的提供方。这个新型服务模式能够满足当代社会对公共图书馆的新要求，进而推动公共图书馆服务获得效能和持久性的方向发展。

（二）一站式资源服务模式

随着现代社会的不断发展，我们可以看到图书馆文献所持有的数据资源逐渐增多，并且数据的传递速度也日益加快。现代的图书馆必须适应大数据技术的发展，建立一个开放且集成化的图书信息平台。为此，图书馆需要实现一站式管理，既有的书籍和文献等信息资源，也需要管理虚拟存储空间中的各种网络资源和可下载资源，这些资源包括自建书目数据库和特色资源库，以及购买版权和从外部获取的资源等。社交媒体的广泛使用，引发了许多人开始发布原创信息，这些信息不断扩散，成为人们生活和工作的重要参考。现代图书馆可以采用云计算和 MapReduce 等技术，将用户创作的内容与其管理框架进行有机结合。为了实现将合适的信息定向推送给用户，图书馆需要智能采集、分辨和整理信息来管理这些来自各地且内容复杂的信息。这项措施将完整地展示图书馆数字化的特性，同时展示其运用先进技术获取用户信息资源的方式。

（三）信息可视化服务

公共图书馆已经开始提供信息可视化服务，这种服务关键在于运用大数据技术，以适应我们所处的智慧时代。这也代表了当前各行业所采用的最先进的数据处理技术的最终成果。公共图书馆可以借助可视化技术展现历史和空间信息，让用户通过直观的方式了解各方面之间的变化和联系。通过视觉元素的动态变化，用户能够清晰地察觉到信息和相关要素之间的差异、相互作用以及它们对彼此的影响。通过图书馆信息服务系统，用户不仅可以随时向图书馆反馈意见和建议，还能与图书馆进行信息互动和评价交流。这不仅有助于推动图书馆提供更有价值的信息资源，还能进一步提高其服务水平，为用户提供更好的服务。将公共图书馆信息服务进行可视化，能够使馆藏资源更有价值，同时还能深度发掘数据库中的信息，并运用特定的组织结构和编排方式进行再加工。这样做可以增强用户体验，让他们更直观地获得信息，满足他们追求大数据和智能化服务的需求。

总之，公共图书馆以免费、开放为主要服务模式，不仅可以满足广大读者的基本需求，还可以丰富读者的知识层面，扩大读者的文化视野。因此，公共图书馆在社会中有着不可忽视的地位和重要作用。

第二节 公共智慧图书馆的服务系统基本构成

图书馆智慧服务系统由信息资源采集、处理、加工整合、最终的服务系统构成，即由智慧信息采集系统、智慧资源加工系统、智慧信息整合系统、智慧化服务系统构成。

一、智慧信息采集系统

图书馆为了提供服务，需要先进行信息采集，这是其工作的基础。图书馆智慧信息采集系统描述感知对象，全方位捕捉信息、读者和图书馆的相互关系，促进彼此间互惠互利，并将这种联系延伸至社会各个领域。智能信息收集涉及识别读者身份并理解了他们的需求。

（一）读者身份信息采集

读者的个人资料包含基础信息，如年龄、性别和职业等，另外还包括阅读相关信息，如借阅历史和入馆次数等。通过收集并更新读者信息库，图书馆能够根据读者的身份信息，及时针对不同群体的需求特点，采购不同的纸质和电子资源来满足读者的需求（见表4-1）。

表4-1 读者身份信息采集内容

用户类型	信息采集内容
老年读者	年龄，性别
少儿读者	身体情况，家庭情况
残障读者	文化层次
服刑读者	阅读偏好及要求

（二）读者需求信息采集

读者对信息的需求采集是根据对读者身份信息的分析而进行的。纸质资源的范围应该扩大，涵盖少儿图书及盲人读物，而不仅仅是进行普通图书的购买。除了数据库，图书馆还需要提供其他形式的电子资源，如光盘和音频，以迎合各种用户群体的不同需求（见表4-2）。

表4-2 读者需求信息采集内容

用户类型	资源内容	资源形式
老年读者	新闻、保健、花鸟鱼虫、法律信息等	报纸，养生书籍，有声书籍
儿童读者	少儿图书、作业辅助资源等	连环画，绘本图书，动画影视
残障人士	保健信息、法律信息、手语资源等	有声图书，手语视频，盲文书籍
服刑读者	就业信息、法律帮助信息	纸质书籍，影视内容

二、智慧资源加工系统

在获取读者的信息后，需要对其进行处理，以生成适合他们需求的信息类型，这个过程需要使用图书馆的智能信息加工系统。表4-3表中列出了多家公司所提供的信息加工系统，包括清华同方的TPI、北京金新桥的TBS、浙江天宇的CGDMS、北大方正的Apabi及北京拓尔思的TRS等。这些系统的基本操作步骤如下：首先将文献信息资料数字化，并进行标识；其次，需要对数字化内容进行校验和校准；再次，对已经校对过的内容进行数据处理和目录编制；最终，将已完成的任务保存至智能系统。

表4-3 智慧信息加工系统的类型

智慧信息加工系统	处理格式
清华同方的TPI	对二值图和灰度图分别采用JPG、JPEG压缩
北京金新桥的TBS	对黑白图和彩色图分别采用JPEG、JPEG2000压缩
浙江天宇的CGDMS	以JPG和BMP格式储存
北大方正的Apabi	采用G3、G4存储
北京拓尔思的TRS	采用LZW压缩

以上是对文献信息进行处理的过程。图书馆要妥善管理电子信息资源,如录像带、光盘、磁盘等,需要使用一种专门针对非书籍资源的管理系统。另外,信息呈现的方式可能会因是否针对残障人士的用户群体的有所不同(见表4-4)。

表4-4 非残障人士的读者类型的信息加工形式

用户类型	信息加工形式
普通读者	提供普通的书籍、电子文献、影视频等内容
文盲读者	音视频内容,简单易读物
老年读者	将书籍内容放大处理,并加工处理为有声读物、网页有声化、放大化
少儿用户	转化为点读资源、有声读物、动画视频等

针对残障人士来说,其读者类型的信息加工形式见表4-5。

表4-5 残障人士的读者类型的信息加工形式

用户类型	信息加工形式
盲人读者	盲文读物和有声读物
听障读者	电子书、纸质书籍
弱智读者	提供易于理解的内容,比如将资源加工成图画书、音乐等形式

三、智慧资源整合系统

因为这些信息呈现出多样、零散、无序等特点,所以为了使读者更容易使用加工后的信息,需要整合这些信息并形成更易于理解的有机结构。智慧资源整合系统可以利用互操作和结构化技术,把零散的信息整合成有组织、按照一定顺序排列的信息资源。为了解决异构资源互联问题,可以采用多种互操作技术,如智能代理、检索引擎、数据挖掘和知识管理等技术。元数据技术、Ontology 和中间件技术等是一些能够解决数据"优构"问题的结构化技术[①]。

借助智能信息整合系统,图书馆可以方便地对信息进行归类、考量和标注,从而构建一个信息库。通过搜索引擎,用户可以轻松地查找和浏览他们

---

① 王世伟:《论智慧图书馆的三大特点》,《中国图书馆学报》2012年第6期,第22—28页。

感兴趣的信息内容。在公共图书馆资源建设中，这种系统已经变得不可或缺，并成了一个至关重要的工具。虽然出现了一些资源整合系统，但它们中的大部分存在不少问题，如精度欠佳或覆盖范围有限等。智慧信息整合系统提出了一项创新方案，即利用 Agent 的优势，如独立性和智能性，来进行改进，以解决上述问题。

智慧资源整合系统的工作由以下四个部分组成。

第一，网络信息采集 Agent。网络信息采集 Agent 会收集读者的信息和网络信息，用于建立读者信息库。并且，它还会根据网络信息和读者信息的变化，确保读者信息库时刻保持更新。

第二，信息评价 Agent、信息标引 Agent、信息分类 Agent。对于收集到的信息，信息评价 Agent 会进行评估，将符合检索要求的信息归入已评价信息库；评估完毕的信息将被信息标引 Agent 进行标引，并保存到已标引数据库中；信息分类 Agent 会对标记过的信息进行归类，并将其储存在已分类的数据库中。

第三，控制调度 Agent。控制调度 Agent 对所有的 Agent 进行统一调控，同时实施对已分类信息中的敏感关键词的过滤。

第四，信息发布 Agent。信息发布 Agent 把控制调度 Agent 过滤的信息发布到图书馆的信息检索平台。

四、智慧服务系统

一旦将信息整理成有条理的高效信息，即可将其存储到智能服务系统中。智能图书馆服务系统由一个离线模块和一个在线模块构成。离线模块的主要任务是对数据进行处理和分析，因为数据量极大且有多个来源，所以为确保信息推送的实时性，图书馆应将其放入离线模块中进行处理。非联网数据集包括关于目标用户和相似用户行为信息的数据。要确定目标用户的特点，需要考虑用户的个人特征、使用习惯和获取的信息。创建一个用户资料库，收集用户的年龄、兴趣、性别及职业等属性信息，以供在线信息推荐服务所使用。资讯信息是指通过内容分析引擎，将图书馆所发布的各种信息资源进行热点挖掘，得出一定时间段内最热门的借阅榜、高频数据库查询资源等信息。当用户浏览网站时，他们的活动被记录在浏览历史中，这些历史记录可以被分析并关联起来，以揭示用户行为的相关模式。协同过滤算法的运用可以计算出与目标用户兴趣爱好相近的用户,进而帮助图书馆进行精准推荐。分析具有相似特征的用户,可以更全面地了解目标用户的需求和兴趣。在线功能基于离线功能的基础上运行。离线部分创建了一个知识库,而在线部分则使用该知识库作为参考,以此为基础对用户的不同查询请求进行处理,通过实时和准确的方式向用户推送检索结果。在线部分对用户的服务直接作用极大,对服务效果产生至关重要的影响,因此是至关重要的环节。推荐系统会根据用户的个人信息和专业兴趣,以及图书馆服务器收到的查询请求,生成一个初步的结果集。接着,该结果集会结合"热点信息"、"关联规则"和"相似用户的兴趣集"等离线部分的数据进行比对,并进行去重和过滤。最终,查询匹配会在图书馆资源中进行,然后推荐系统会立即向用户推送相应的结果。

第三节 公共智慧图书馆服务的现状、成效与应对

一、我国公共智慧图书馆的服务现状

我国的公共智慧图书馆致力于为用户提供全方位的服务。该图书馆提供四类服务,包括满足个性化需求的智慧服务、多种互联服务、与空间改造相关的服务及虚拟体验式的服务。其中,个性化智慧服务模式可以划分为三种类型,即为用户提供的个性化智慧借阅服务、提供的个性化智慧参考咨询服务和提供的个性化智慧推荐服务。立体互联式服务主要体现在馆间互联、馆人互联、人人互联等方面。

(一)个性化智慧服务的实践状况

通过利用网络、人工智能和大数据等技术,个性化智能服务能够依据图书馆用户的信息需求和特点进行分析研究,并提供系统推荐、推送和用户定制等功能,以提供更加精准和个性化的服务,满足不同用户的需求。个性化智慧服务的主要特点包括服务的定制化、分层次提供、主动响应和与用户的互动。为不同的用户提供定制化的服务是个性化智能服务的重点,它指针对用户的不同需求,提供各种个性化的服务,以满足用户的个性化需求。在图书馆中,个性化智能服务可以为每个用户提供不同的、有特色的服务。针对每一位图书馆用户的需求差异性,提供差异化的智能服务,以满足其信息需

求。这意味着不同用户在信息需求方面具有不同的关注点，因此图书馆需要有针对性地为其提供信息服务。当图书馆提供智能化个性化服务时，会基于用户的具体需求主动为用户提供契合他们需求的信息服务，把用户作为服务的核心位置。个性化智慧服务的互动性是指用户能够与其他用户或图书馆进行更加深入、全面的互动，以实现更好的服务体验。可以将个性化智慧服务分为三类：提供个性化智慧借阅服务、提供个性化智慧参考咨询服务、提供个性化智慧推荐服务。结合了互联网技术和智能服务的理念，个性化智能借阅服务是一种创新的借阅形式。图书馆利用人工智能技术提供个性化的智能咨询服务，为用户提供智能化的参考建议，该服务主要由图书馆机器人提供。通过大数据技术，图书馆能够为读者提供个性化的智能推荐服务，以便更好地满足他们的阅读需求。

1. 个性化智慧借阅服务

（1）移动智慧借阅服务形式多元化

移动智慧借阅服务提供多种方式进行借阅，包括使用支付宝、微信、二维码电子证书和客户端App。例如，在城市服务平台中，首都图书馆可以提供支付宝钱包、微信钱包等接口来为读者提供借阅服务；此外，在图书馆的App上也可以提供同样的借阅服务。近期，上海图书馆推出了支付宝图书馆城市服务微站，旨在为读者提供更为方便、快捷的服务。使用读者证认证后，读者可在微站上查询馆藏、执行一键续借等操作。此外，该微信公众号还具有利用读者所处的位置信息的功能，帮助读者查询附近的图书馆，并提供在手机上进行查书、借书、续借和还书等全过程服务。此外，读者同样可以在图书馆的手机应用程序上使用借阅服务。深圳图书馆引入了移动社交平台，比如微信和支付宝，并且还创新了名为"图书馆之城"的移动服务。当读者想要通过移动终端借阅文献时，深圳文献港提供了手机客户端App借阅服务。最近，黑龙江省图书馆在城市内推出了"智慧书房"，新添了一台报刊阅读机和一台公共文化一体机，同时开通了"万里数字文化长廊"，方便读者在线阅读数字资源。读者可以通过这些设备直接浏览数字资源，也可以将自己感兴趣的内容下载到手机上，用户只需扫描黑龙江图书馆移动阅读客户端的二维码并输入登录信息即可使用。

另外，图书馆还推出了新的借阅方式——使用二维码电子证进行借阅。在公共图书馆中，大部分读者使用二维码借阅服务。上海图书馆推出了一项崭新的借阅服务，即读者只需使用App生成一张二维码读者证，无须实体借书证,即可轻松完成借阅。此外,读者还可以将二维码读者证应用到门禁和自助设备上。另外,深圳图书馆现提供通过微信服务号办理二维码读者证借阅服务,读者只需使用二维码读者证即可享受便捷的借阅服务。

(2)单向智慧借阅服务向O2O线上线下智慧借阅服务转变

单向服务是指将图书馆的线上服务和线下服务进行区分,以便更好地满足读者的需求。O2O(Online To Offline)是一种电子商务模式,意味着消费者在网上下单购买商品或者服务,但是最终需要到线下实体店面或者服务场所完成交易或享受服务。通过此模式,图书馆将线上和线下借阅服务有机地结合在一起,实现互动融合。深圳图书馆推出了网上预借和"新书直通车"服务,方便读者在微信服务号、支付宝"城市服务"等平台上预约借阅,并选择送书上门的服务。目前,辽宁省图书馆、山西省图书馆及湖南省图书馆已开始提供网络借书和送货上门服务。注册用户可以在图书到期时选择"预约还书"选项,并指定送书地址,此书就会被快递员送至指定地址。另外,内蒙古图书馆推出了名为"彩云服务"的项目,读者可以通过手机中的"彩云服务"App在线预定并借阅图书,以便用户更加便利地使用馆内资源,然后在家里等待快递公司送来实体书籍,既方便又快捷。

(3)信用借阅服务开始得到关注

公共图书馆的信用借阅服务是一种让用户使用支付宝的芝麻信用评分来代替支付押金的方式。如果评分达到了一定标准,那么可以免除用户的押金并使其使用公共图书馆提供的借阅服务。换句话说,这是一种更便捷、更灵活的借阅方式。公共图书馆推出信用借阅服务,不仅增进了用户对信用的认知,还进一步加强了移动互联网在图书馆领域的应用。近年来,信用借阅服务逐渐受到公共图书馆的重视和推广。上海图书馆联合支付宝芝麻信用,推出了信用借阅服务。基于规定,只需要读者在上海地区拥有超过650分的芝麻信用分,就可以在通过网上渠道借阅图书时免去押金,市民只需简单授权,即可享受便捷的借阅服务。

2. 个性化智慧参考咨询服务

公共图书馆现已引入IM(即时通讯)智能咨询机器人,可以为用户提供量身定制的智能咨询服务。通过引入咨询机器人,公共图书馆可以在不影响咨询服务质量的前提下,不仅可以提高工作效率,缓解工作人员的压力,为用户提供更优质的服务,还能为工作人员争取更多时间和精力,提高他们的工作效率。IM咨询机器人具备智能应答的能力,它能够根据问题的关键词进行自动匹配，并给出相应的答案。预设了与公共图书馆相连的咨询机器人知识库后，用户只需通过输入问题来操作机器人的界面，机器人就会根据主题或关键词匹配的方式在图书馆的知识库中搜索答案来帮助用户解决问题。图书馆用户可以利用 IM 咨询机器人随时获取帮助，这将有助于他们快速获取所需信息。例如，"图小灵"是一个参考咨询机器人，它被安置在上海市图书馆的办证处和中文书刊借阅区，为读者提供问题咨询服务。在图书馆无人值守期间，"图小灵"提供自助式服务，可协助读者处理业务问题，并提供查询天气、路线等信息的便利服务。当使用图书馆自助机器排队时，该机器能够与用户互动，比如与用户进行对话等交流活动。又如，"小图丁"是一款智能 IM 咨询机器人，已被引入深圳图书馆，为用户提供即时咨询服务。除此之外，它还可以解答用户的常见问题，帮助用户轻松获取所需信息。此外，该机器人还可以提供对话质量、用户评价、在线时长等数据，助力工作人员的工作。在辽宁省图书馆中，引入了一个叫作"图图"的咨询机器人，该机器人有能力回答用户的一些基础性问题，并且为用户提供一般性的帮助和解答。此外，"图图"能为小朋友讲故事、唱歌等，给用户带来更多的乐趣，还能够与用户互动，当用户发出问路语音时，它会为用户指引道路。湖北省图书馆的咨询机器人能够按照用户的要求进行个性化定制，提供多样化的服务，比如帮助用户搜索馆藏书籍、为小孩儿讲故事、为读者提供解答等。为了检索书目，用户可以用口头语言告诉机器人需要查找哪些书籍。机器人会根据用户需求进行分析，然后提供相应的书目索引号。针对那些备受关注的图书馆事项，如办理借阅证、借阅规则和开馆时间等基本问题，用户只需向机器人咨询即可获得相应答案。

目前，我国许多公共图书馆尚未广泛采用咨询机器人服务。此外，咨询机器人在满足用户个性化需求方面的能力还相对不足，需要进一步加强其灵活性。

3. 个性化智慧推荐服务

个性化智能推荐服务是一种针对图书馆用户的服务，基于大数据技术，根据用户的特点和兴趣，为用户提供符合其需求的信息推荐，它是一种能够根据用户个性化需求主动提供深度服务的方式。公共图书馆可以利用网络信息数据分析，更好地了解用户的兴趣和需求，从而提供更加有针对性、更加人性化的图书推荐服务。

第一，用户信息数据的准确挖掘。数据挖掘是在大量数据库中发掘人们关注、潜藏、隐含的知识。利用数据挖掘技术从各种数据库和网络信息中抽取未被发现的知识信息，以提供个性化的智能服务。精准挖掘用户信息数据是公共图书馆发现用户数据之间关联的重要手段，能够为之后的预测和决策提供知识信息支持。

第二，个性化用户信息的主动推送。公共图书馆可以运用数据挖掘技术，自动向用户推送相关信息，以满足他们的需求。定期向用户发送定制化信息，该信息通过自动收集用户偏好内容，并无缝地发送至用户手中。通过定向推送与个性化用户信息，可降低用户搜索所花费的时间成本，同时提高用户获取所需信息的效率。

首都图书馆近期推出了阅读推荐服务，为读者提供中英文图书、试听和电子图书的相关建议和推荐，以满足读者的阅读需求。上海市图书馆的手机应用程序采用最新的移动技术，如 iBeacon、位置定位和二维码等，为用户提供智能推荐服务。通过采用 iBeacon 技术，阅览室可以自动感知读者的位置，并自动激活。这样，读者就能轻松地查看他们所在的楼层和阅览室位置。另外，借助 App 中的地图功能，读者还可以轻松地查看阅览室的详细信息及最新的读者活动。借助手机应用程序，用户可以查看备受青睐且备受推荐的图书，或搜索符合自己兴趣的图书，从而了解上海市其他图书馆的藏书状况。另外还有一种方法，读者可以使用手机应用程序找到图书并将其直接添加到要求索书的列表中。当图书馆的图书借出之后，通过手机应用程序会向读者发送出库提醒，同时该应用程序也可以用于在出纳台直接借阅书籍。例如，在吉林省图书馆，读者可以获得个性化智能推荐服务，该服务能够为读者提供有关书籍方面的相关建议，包括读者可能会感兴趣的图书、同一作者的其他作品及相关收藏等信息。

（二）立体互联式服务的实践状况

公共图书馆的立体互联服务是针对用户需求而提供的，旨在通过互联互通和信息共享为用户提供更加全面、便捷的服务。图书馆智能服务的全面连接是指在不改变服务内容的前提下，将云计算技术、RFID 技术和大数据技术应用于图书馆服务。这种连接方式可以实现图书馆之间、图书馆与读者之间及读者与读者之间的互联，以达到更智能化的服务效果。

不同等级、地区和类型的图书馆通过合作实现馆际互联，不受地点和时间的限制。图书馆联盟云服务平台是基于云计算技术构建的智能化馆际合作形式。首都图书馆联盟是由首都图书馆和北京市内110多个不同类型的图书馆共同建设的平台。通过使用读书卡，读者能够利用100多家图书馆的文献资源，实现以下目标：在任意一个图书馆办理证件，证件可在所有图书馆通用；借书时只需使用一张卡，并且可以在最近的图书馆还书；所有图书馆共享馆藏；一家图书馆的讲座可以通过多家图书馆转播；读者的咨询服务可以在多家图书馆得到解答。长三角地区图书馆视障服务联盟平台，是由上海图书馆与金陵图书馆、浙江图书馆、南京图书馆、安徽图书馆共同打造的平台。该联盟旨在实现视障文化资源的共享，促进长三角地区视障阅读事业的发展，为视障读者提供更加便捷的服务。深圳图书馆与深圳其他类型的图书馆合作创建了深圳文献港，旨在通过数字资源统一提示和服务，整合成员图书馆的资源，包括知识服务和馆际互借服务，以促进资源的共建共享。吉林省图书馆联盟平台推动了吉林省各地的公共和科研图书馆之间的合作，在馆际互借、联合采购和资源建设方面开展了合作。辽宁省的公共图书馆和高校图书馆联合起来，共同打造了辽宁省公共、高校图书馆联盟平台。该平台为读者提供了便捷的服务，使其无须到不同的图书馆就能够获取到各成员馆的文献资源。湘鄂赣皖公共图书馆联盟平台是由湖南、湖北、安徽等多个省份的公共图书馆联合发起并共同创建的平台。丝绸之路国际图书馆联盟平台已纳入四川省图书馆的成员名单。云南省公共图书馆参考咨询联盟服务平台是由云南省图书馆联合全省各级各类图书馆共同建设的平台。

公共图书馆通过物联网RFID技术实现了与用户之间的互联，这种RFID智慧自助服务不受时间和地点的限制，让用户可以享受无处不在的服务。RFID技术的应用范围非常广泛，可以提供多种自助服务，比如自助借还书、24小时自助图书馆的自助借阅服务，也可以应用于自助申请证件、自助复印、自助充值等多种方面。研究表明，公共图书馆采用RFID技术主要应用于自助借还书服务和自助办证服务。这些公共图书馆已经安装了自助式借书还书设备，并推出了24小时自助图书馆，以便读者更方便地利用自助借书还书服务。

人际关系在图书馆中体现为馆员与用户之间的互动，以及用户之间的互动。为了更好地为用户提供服务，图书馆工作人员运用了最先进的技术手段，其中一项是利用大数据分析技术提供用户个性化的借阅账单，这也是图书馆实现互联互通的重要措施之一。深圳图书馆准备为用户提供年底阅读账单，从众多用户数据中抽取最相关的信息，然后按主题进行分组，从而方便用户了解自己在过去一年内在图书馆的用书情况和阅读数据。用户间的互联主要表现在线上图书转借服务上，即用户可以通过该服务与其他用户进行联系，实现借书或还书。在借书服务中，如果要转借书籍，借书用户必须与还书用户协商并就相关事宜达成共识。一旦双方达成共识，他们可以约定具体时间，在面对面的情况下进行二维码扫描，以完成转借。为方便使用"我的图书馆"App的用户进行图书互借，深圳图书馆推出了文献转借服务。另外，通过"彩云服务"手机应用，用户可以使用扫码确认的方式，借阅内蒙古图书馆的在线图书。如果无法面交，用户可以预约附近的彩云智能中转云柜，并将物品转交至该云柜完成转借。具体操作为：用户需要先使用手机扫描云柜上的二维码打开柜门，然后将归还的图书放入柜内，最后借阅图书的用户则要扫描同一台云柜的二维码，方可进行借书操作。

（三）空间再造服务的实践状况

随着信息技术的快速发展，人们的需求也在不断提升，他们希望能够更加便捷地获取、交流和传播各种知识信息，因此对于广泛知识环境的渴求也日益增长。随着采用以用户为中心的服务模式，图书馆已经成为人们互相交流、学习和讨论的重要场所。在图书馆智能化建设的进程中，图书馆空间扮演着至关重要的角色，其具备着更为多样化的服务功能。智慧图书馆的空间设施不仅能够灵活地满足用户的各种需求，还能够实现智能化的服务和细致的感知，突显了其在智能服务领域的优势。随着图书馆越来越注重智慧化建设，传统的图书馆空间已无法满足用户的需求。为此，各公共图书馆正在积极探索图书馆空间再造的方案。

研究显示，近一半的公共图书馆已经开设了创客空间，但由于地区经济和服务理念的不同，因此这些空间的打造方式也存在差异。上海市图书馆在2013年推出了"创新空间"，该空间以馆藏文献、数字技术和创新工具为基础，以文化创意为核心，旨在通过不同类型的创新项目来促进知识交流和创意的激活，从而营造一个创新氛围。这个新空间是一个信息共享、学习交流的综合性空间，旨在为创新者提供一个孵化创新灵感和设计的场所。深圳市图书馆建立了一个创客空间，旨在培养人们的学习能力、探索精神，拓宽思维视野。该创客空间分为四个区域：创意设计作品展示区、创意设计制作区、讨论交流区和研究学习区。年轻人可以在这个平台上相互交流、发挥创造力并付诸实践。深圳图书馆的创客空间鼓励用户积极参与创新活动，同时也致力于向用户传递创客的独特特质，包括创新思维、独立思考的能力、实践技能及综合素质等。其助力用户积极参与实践活动，以培养用户创造、想象和协作能力为目标，并引入全套创客文化服务，包括 3D 打印、机器人实训和手工机床等。黑龙江省图书馆的创新空间为用户提供丰富多彩的体验和学习机会，其中包括虚拟现实（VR）体验、机器人教育培训、注意力和记忆力提高课程等。同时，用户也可以参与速读、手工创意及智力开发课程等，让他们的智力得到更全面的提升。除此之外，疯狂英语、体能训练沙龙、易物沙龙等各种活动也在等待用户的参与。为了满足青少年创客的需要，云南省图书馆开辟了一个文化空间，提供各种培训和讲座项目，涵盖了教育、文化和创客等多个领域。这些公共图书馆的空间重新设计不仅包括创客空间，还划分为知识共享、文化交流和环保设施等多个区域，以为用户提供更多服务。学习平台中的共享学习环境包含了讨论区、学习区和技术体验区等区域，而文化交流环境则拥有学术交流区、休闲社交区和文化娱乐区等多个不同的功能区域。通过应用环保技术，图书馆的物理空间得以绿色化。比如，为提高"北京学"研究的基础设施水平，计划改造首都图书馆并新建北京地方文献数字书房，并改进古籍阅览室，以提升传统文化学习和交流的氛围。在吉林省图书馆里，用户可以享受到更多的娱乐放松设施，其中包括数字电影放映室和 4D 影院等。山西省图书馆设计了一个能提供愉悦阅读体验的场所，使用了红外感应和影像动作识别技术，让用户可以神奇地享受到"空中翻书"的体验。此外，顾客还可以运用图像辨识和人体红外检测技术来调整自己的阅读姿势，并使用基于视频辨识技术开发的互动游戏，为自己带来更加生动有趣的阅读体验。湖北省图书馆采用环保技术打造了可持续发展的物理空间，利用冰蓄冷系统、地源热泵技术及低温送风系统等来运行中央空调；这个场馆使用了集体式太阳能热水系统来获得水资源；通过楼宇自动控制系统，方便地对建筑物的机电设备进行整体化管理。另外，湖北省图书馆设立了一个区域，专门用于进行学术交流和研究项目的讨论；此外，还成立咖啡馆，创造"天空花园"，构建读者互动休闲场所；创建音乐厅和电影院等场所，培育多样化和丰富的文化娱乐体验。安徽省图书馆针对读者需求，打造了三种不同的空间，包括互动空间、人文氛围空间和休闲娱乐空间。四川省图书馆积极构建公共数字文化服务区，包括影音体验、新媒体、智慧家庭图书馆等，这为读者提供了查询和利用海量数字资源的便利服务，同时还提供高品质的影音欣赏和新媒体互动功能。

（四）虚拟体验式服务的实践状况

公共图书馆提供的虚拟现实沉浸式服务是一种基于 VR 技术的服务体验。公共图书馆智慧服务中，虚拟体验式服务可以从以下三个方面得到体现：一是通过 VR 技术的应用，实现图书馆资源的高效管理和检索；二是提供虚拟现实阅读服务，带来全新的阅读体验；三是提供空间导航和漫游服务，让用户能够更便捷地了解图书馆的布局和资源分布。实际上虚拟现实阅读已成为主要的服务形态，提供虚拟体验。黑龙江省图书馆利用 VR 技术，提供了多样化的视角，将展示传统的春节习俗和民间故事作为主题，并通过实景交互设计与沉浸式体验的方式，让用户更好地了解和感受春节文化，从而深化其对传统文化的认知。此外，该图书馆还在 2019 年度更新了全新的 VR 场景。再比如，通过虚拟现实技术，辽宁省图书馆推出了 VR 体验区，在这里读者可以沉浸式地体验传统文化，拥有身临其境的真实感受。另外，深圳图书馆、湖北省图书馆和湖南省图书馆也相继推出了 VR 体验活动。深圳图书馆利用 3D 建模技术，将图书馆内所有资源的位置准确展示在 3D 空间，为用户提供一种方便的资源导航服务。深圳图书馆利用三维图形呈现各个空间的布局，并配合文字解释，以方便用户更好地了解图书馆的空间结构及漫游。

VR 技术在应用方面存在高成本和较高技术门槛的问题，这使得公共图书馆在使用 VR 技术方面较为有限，仅使用了一些基础的应用并且覆盖范围较窄。

二、我国公共智慧图书馆的服务成效

（一）东部地区公共图书馆智慧化发展较为发达

由于在经济上具备优势，东部地区的公共图书馆正在积极推进智慧化发展。相较于其他地区，该地区的公共图书馆智慧化水平更高，智慧化设施也更完备，所提供的智慧服务也更全面，深入程度更高。在新技术在公共图书馆的应用方面，东部地区比其他地区更为先进和深入。除了自助借还书服务，东部地区的公共图书馆还在 RFID 技术方面引入智能书架和安全门禁等服务。例如，深圳图书馆应用 RFID 技术，成功实现了图书快速盘点、智能化书车和图书分拣服务，为广大读者提供了智能化解决方案。借助 iBeacon 技术和其他相关技术，上海图书馆提供了定位服务，让用户能够通过手机应用方便地查找图书在哪个书架上；阅览室内，读者能够轻松地了解自己所处的楼层和位置,并使用手机 App 中提供的地图导航,获得更多有关阅览室的最新活动和详细信息。

(二)各公共图书馆智慧服务各具特色

这些公共图书馆会根据自身情况,提供独具特色的智慧化创新服务。在首都图书馆,读者可以在同时拥有线上与线下学习资源的实体空间内互动学习和交流。在上海市图书馆中,读者现在可以通过 iBeacon 技术定位自己所在的位置,并通过与参考咨询机器人"图小灵"的互动来获取所需信息。深圳市图书馆打造了一个集成服务平台,致力于为读者提供一站式、高效、便利的图书馆服务,消除了服务差异,这个平台打造了一个图书馆之城,让读者可以享受到更为全面的服务。黑龙江省图书馆设立了"智慧书房",方便读者下载数字资源至手机,除此之外,也提供在线阅读数字资源的服务。吉林省图书馆推出了一项"VR 贺新春"数字文化虚拟现实体验活动,让读者可以体验全新的新春文化。辽宁省图书馆推出"辽图约书"服务,方便辽宁省读者在家中完成网上借书和送书服务。读者在山西省图书馆的微信公众号上参与"颜值识别借书"服务,只需要输入面部信息绑定读者证,就可以通过人脸识别(无须出示证件)借书。湖北省图书馆计划建立一个名为"楚天智海"的学习中心,它包含多功能区域,包括但不限于学术交流、创客创业、项目研讨、文化传播等区域。名为"彩云服务"的新服务在内蒙古图书馆推出,让读者可以在任何时间、任何地点,通过书店下单便可借阅图书,便利性大大提高。四川省图书馆正积极推进智慧家庭图书馆建设,旨在为全省居民提供虚拟书房服务,让用户可以更方便地阅读图书。

(三)各公共图书馆智慧服务以人为本

公共图书馆致力于以用户为中心,以人性化服务为宗旨,为用户提供便捷、高效的智慧创新服务。公共图书馆可以引入 RFID 技术,为用户提供更加便捷的借书和还书服务。例如,24 小时自助图书馆和 24 小时街区图书馆,让用户自主操作,实现了全天借还书的便利服务,进一步增强了公共图书馆的服务质量。在公共图书馆内,用户可以利用咨询机器人获取基础信息并进行互动。用户向咨询机器人提出的问题和反馈信息可以被记录下来,并提供给图书馆工作人员进行分析,以此了解用户需求和改进服务的方向,提高服务质量。通过支付宝芝麻信用借阅服务,图书馆提供了更加方便的借书方式,用户无须押金，就能在家舒适地完成借阅程序，同时享受到书本快递到家的便利服务。这些公共图书馆提供的智能创新服务极大地方便了用户，更让用户深深感受到图书馆的服务亲切入微。

（四）各公共图书馆智慧服务以技术应用为主

公共图书馆采用了现代技术进行服务创新，将先进技术与服务有机结合，以提高服务水平。无线射频识别服务是一种利用非接触自动识别技术的服务，其核心原理就是运用无线射频技术。图书馆采用RFID技术可以实现自助借还、智能盘点、自动分拣等服务，这些服务可以减少馆员的传统工作量，从而让馆员有更多时间从事其他服务，并且方便了读者。VR技术被应用于VR体验区，使用户可以沉浸式地体验数字阅读，通过直接感受文化的吸引力来增强体验的真实感。基于云计算技术的多种服务，被称为云服务，这些服务包括各种云平台服务。另外，利用人工智能技术为用户提供各种服务，例如在图书馆中使用机器人提供咨询服务，称为人工智能服务。它使用大数据技术服务于图书馆的多个领域，包括但不限于阅读记录、数据可视化、用户信息收集、用户画像建立、数据分析与整合、读者推荐、阅读引导和数据挑战等。

三、我国公共智慧图书馆服务可持续发展的应对策略

（一）加大政策扶持力度，保证各区域图书馆智慧服务水平均衡发展

我国各地区的图书馆发展程度存在显著不同。相对于中西部地区，东部地区的图书馆实力更加雄厚，而西部地区的发展水平相对较为薄弱。为了使各地区的图书馆都能向智能服务靠拢，政府不仅需要进行政策的支持，还应为中西部地区的图书馆提供基础设施、人员、经费和智能装备等方面的积极援助，以最终实现全国范围内各图书馆的智能服务水平均衡发展的目标。

除此之外，西部地区民族众多，其所拥有的文化资源也相对丰富。所以，得益于国家政策的支持，西部地区的图书馆可以利用这个优势，建立内容独特的数据库资源，并且可以考虑与西部地区的其他图书馆合作，用联合的方式建设一个共享的数据库，建立一套共同的规范和标准，以便数据库资源可以互相连接和共享。这种做法不仅能够降低成本，还能有效避免资源的重复使用。一旦数据库构建完成，便必须进行定期维护和更新以跟随社会发展的

步伐，以覆盖社会生活的各个方面。同时，需要利用国家对中西部地区的政策扶持，以期在与东部地区的竞争中拥有更强的实力。

（二）拓宽资金来源渠道，提高图书馆智慧服务经费供给

在东中部地区，图书馆的财政经费非常充足，这为图书馆提供了一个良好的机会，可以在不降低基本服务的前提下，将重点投入智慧服务内容的建设方面。为了逐步提升图书馆的智能化程度，其已采纳了一系列的措施，比如通过室温自动掌控系统、一卡通系统及智慧门禁系统等技术手段来达成目标。由于财政经费在西部地区与东部地区相比存在较大差距，因此在提供智慧服务方面面临较大限制，仅能提供基础的服务内容。要想确保西部地区的图书馆能够提供基本服务和智慧服务，关键在于增加资金来源的渠道。除了依赖政府拨款还有其他方式可以获取资金，如众筹、公益基金、资助和社会捐赠，这些方式可以减少图书馆对政府拨款的依赖。

（三）提升馆员素质，培养智慧馆员

"没有智慧的图书馆馆员，就不会有智慧的图书馆。"尽管这句话可能存在个人偏见，但它从另一方面揭示了智慧馆员对于建设智慧图书馆的重要性。因此，建设一个具备智慧和高素质的馆员队伍对于用户和图书馆都至关重要，具体可从以下两个方面展开论述。

第一，针对东部经济环境优越地区的图书馆，可以在招聘环节加强筛选，优先考虑本科以上学历的人员，尤其是博士、硕士等高学历人员，这样就可以提高整体馆员的学历水平，确保源头质量。除了要求具备相应的学历，更应该优先考虑招聘专业对口的求职者，特别是那些毕业于图书情报档案学类专业的应届毕业生。另外，还要定期对馆员进行考核，以避免他们其出现松懈的态度。考核的范围涵盖了专业理论知识、管理学知识以及物联网、人工智能等信息技术领域的内容。

第二，针对中西部经济相对落后地区的图书馆，考虑到该地区经济水平一般，图书馆必须高标准招聘馆员，并且更加注重对现有馆员的深入培训。为了让一线馆员拥有更好的服务能力，需要对他们进行培训，以提高他们的服务意识、改进表达技巧、加强沟通能力，并且扩充他们的业务知识储备。对于馆员中担任管理职位的人，应该注重提升他们的协调管理能力及科研能力。

（四）完善评价反馈功能，提升智慧服务水平

为了提高服务质量和完善服务体系，图书馆实施了服务评价和接收用户反馈的重要措施。读者若能够获得更多反馈和评价途径，图书馆将会更加仔细地思考自身的服务，以此决定未来的发展方向和关注重点。研究表明，用户通常通过微博和微信向图书馆提供评价反馈。微信公众账号与用户的互动性不够强，而微博则具备一定的互动功能，但是相较于图书馆的服务对象而言，微博的用户群体比较有限。因此，在智慧环境下，图书馆应积极拓展与公众直接互动的途径，并全面征求用户反馈意见，以便满足用户的需求。

（五）注重读者权益，加紧制订隐私保护条款

《中华人民共和国公共图书馆法》规定，公共图书馆应当严谨地保护读者个人信息、借阅信息以及其他可能涉及读者隐私的信息。公共图书馆可以该条例为依据，制订适合本院的隐私维护细则。条款语言应简明、精准，内容应完整、全面。有些图书馆会雇用专门负责保护用户隐私的人员，并且会提供他们的联系方式，以方便用户在遇到问题时直接与他们联系，这是有条件的图书馆为保护用户隐私所采取的一种措施。只有这样，读者才会更愿意将个人信息透露给图书馆，这样一来，图书馆也能够更加精准地对其展开个性化服务。

（六）践行公平理念，消除服务盲区

尽管我国公共图书馆大力推广了全民阅读，但外来务工者、失业群体等人群很少享受到此服务。自2018年1月1日起，我国开始实行《中华人民共和国公共图书馆法》。这项法规规定公共图书馆需要遵循平等、不歧视、面向所有人开放，以及共享资源等原则，以提供符合社会各个方面需求的个性化服务。服务的对象不仅包括一般人群，还需关注特殊人群，如老年人、儿童、盲人、弱视者、残障人士、听障人士、服刑人员、从事劳动的人及失业人群等。实际上，一般读者的阅读需求在各个区域的公共图书馆里得到了满足。不过，许多图书馆并没有充分考虑到某些社会上比较脆弱的群体的阅读需求，如服刑人员和外来务工人员等的阅读需求。尽管有一些临时性的活动，但并没有建立起持久的服务机制。为了支持特殊群体，如外来务工者和失业人员，图书馆可以免费为其提供有限期的借书卡和电子资源设备，同时还可以提供免费的培训课程，借助亲身指导的形式让他们了解图书馆的各种服务。除此之

外，图书馆还可以加强与社会公益组织的合作，将服务更加个性化地提供给特殊群体。

（七）加强智慧管理

1. 培养智慧馆员

图书馆的智慧化建设必须依靠智慧馆员，因为智慧馆员是推动图书馆创新服务的核心力量。

智慧馆员在新形势下面临更多的任务，为了给用户带来更智慧的服务，他们需要借助技术设备深入了解用户的需求和特点，利用大数据技术对用户的阅读兴趣、行为和潜在需求等方面进行分析，以用户为中心，提供个性化、定制化的服务。这表明馆员需要满足更高的标准，不仅需要熟练运用新技术和设备，还需要能够全方位地在知识的探索、获取和整理方面辅助用户。在这种情况下，图书馆应该加强培训馆员的力度，提高他们的智慧水平，并以此为基础，为用户提供更加智慧和创新的服务，具体可以从以下两个方面入手。

第一，持续提高馆员的专业水平。为了促进馆员的专业发展，图书馆应该策划具体的培训计划，持续提升他们的专业技能。另外，还应该开展跨学科和到馆交流活动，营造优良的成长环境；此外，还要提升馆员在现代科技、管理、心理、物联网、大数据、云计算、数据分析和人工智能等领域的专业水平和技能；同时，与高校、社会机构和其他图书馆合作，可以为图书馆营造一个合作学习的氛围，并激励馆员共同学习。

第二，激发馆员的创新能力。为了更好地推动创新，智慧馆员需要在专业能力的基础上提高创新能力。为了更好地服务用户，馆员需要不断学习新的思维方式、知识和技能，持续提升自身素养。图书馆应积极支持馆员的创新，为他们提供创新的机会和环境，同时加强对创新思维的宣传和鼓励，建立创新人才激励机制，促进馆员的创新能力发展。

2. 强调用户的参与，加强合作管理

为了有效管理智慧化图书馆，图书馆需要重视团队协作，并积极推动读者的参与。具体的行动方案包括提升管理和管理系统的透明度，鼓励用户参与决策，优化自动化管理流程，以及实时分析图书馆的使用状况，以此来提升图书馆战略和决策的质量。忽视用户这一利益相关方对于图书馆管理而言是极其不可取的，因为用户的重要性是无法被低估的。智慧管理依赖整个图

书馆员工和用户之间的合作协作,这种协作的基础在于一个团队的力量胜过单打独斗的个人,能够完成那些个人无法达成的目标。智慧管理通过团队成员之间的相互沟通和协作,利用群体智慧来解决问题,而不是仅依赖个人的能力。在处理更加复杂的任务时,可以通过减少任务执行者可能面临的故障情况和成本风险,或者增加参与者的数量,来完成个人难以独立完成的工作。通过智能化管理,公共图书馆的服务流程可以更加高效和优化,从而为文化和教育事业作出更为卓越的贡献。另外,此举还有助于优化用户获取相关信息及社会服务的途径。

为了提高管理效率,图书馆需要进一步优化设施和技术平台,推动智能化管理。同时,要加强信息安全管理措施、促进信息服务系统应用,以推动数字化水平在业务和图书馆管理方面的提升。这种方法可以促进传统业务与数字图书馆管理系统之间的交流,从而实现图书馆全流程的数字化和网络化管理。

(八)强化科技驱动

1. 强化图书馆云平台建设,提升信息化服务水平

图书馆的目标是创建一个智能化的图书馆云服务平台,旨在整合资源、规范建设和提供网络化服务。通过使用云计算和大数据技术平台,图书馆能够更有效地管理信息系统,以满足处理大量数据的高效需求,包括数据管理、存储、分析和利用等。对业务管理系统进行研究和调整,以适应不断变化的信息管理和服务环境。为了确保所有的业务流程都能得到稳定、可靠的技术支持,图书馆应对业务统计平台进行升级,以提高系统的操作性能和响应速度。另外,还要利用先进科技,如大数据、云计算和物联网等技术手段,推动数字图书馆网络化一体化的建设。总的来说,图书馆应持续改善数字资源的合作建设,以满足公众对数字文化的需求,并提高数字文化服务能力。

2. 注重新技术的研究,创新服务内容

现代信息技术的迅猛发展,促使公共图书馆采用先进技术并推行创新驱动发展战略,同时不断丰富服务内容,以跟上科技进步的步伐。融合科技创新公共文化服务体系,可以使图书馆的服务水平得到全面提升。图书馆应持续研究不同的技术领域,如大数据、云计算、移动互联网及物联网等,并提供相应的技术支持,以确保其服务和内容能够满足读者当前的需求。另外,

采用结合数据关联和聚类分析等技术,可以预测公众关注的热门话题;认识到在公共文化服务体系中大数据技术的重要性,利用其进行动态分析,以满足读者各种复杂的阅读需求。为了使图书馆服务更智能化,图书馆需要提高基础设施建设的水平,其中包括网络系统等。此外,物联网技术(如 RFID)也应用于图书馆,实现智能管理。图书馆应结合最新的技术和媒体,为用户提供个性化、无处不在的智慧服务,增加图书馆与用户之间的互动。这将有助于其实现智慧化用户服务,打造适应人们日益多样化需求的智慧型图书馆,既能够继承文化,同时也能更好地服务人们。

3. 加大信息安全保障系统建设

为了保障数据安全,图书馆应该加强保护措施,对信息安全风险进行有效评估,并建立健全信息安全监控体系;采取更有力的防范措施,提升网络安全事件的处置能力,以防止有害信息的散布和传播。另外,图书馆需要创建一个健全的信息保障应急反应和通报系统,不断升级应急处置策划方案,加强其对信息基础设施和重要信息系统的安全防护措施,以确保我们可以有效地应对任何破坏和灾难的发生。此外,还要加大投资力度,强化网络信息过滤和监管力度,控制有害信息在图书馆中的扩散和公开,确保图书馆的信息资源和服务的健康与安全。

(九)拓展智慧服务内容

1. 延伸服务范围

图书馆应该主动尝试不同的机会,以扩大其服务范围,并找到最适合自身的拓展方式,借助最新的科技手段,如网络等,扩大图书馆的服务范围和影响力,同步推动智能服务的使用范围扩大。为了提升 24 小时自助图书馆的服务质量和效率,图书馆应根据读者的需求,打造更具人性化和个性化的服务系统。

图书馆可以建立流动图书馆,以便覆盖更广泛的读者。这样,图书馆可以将自身的服务拓展到城市公共设施网中,包括公交车及站台、出租车、轨道交通等,这将实现智能化服务,为用户提供立体阅读体验,让读者可以在移动中阅读、触摸和交流。增强分馆和服务点的建设力度,提高它们的建设质量和水平,并增加资源种类和服务方式,以提高服务水平。此外,图书馆需要创造出更加多元化和富有活力的服务模式,将纸质资源与数字资源、传统的借阅模式和新兴的媒体服务相融合;同时,提高对社区图书馆资助的投入、深化分支机构的覆盖，构建科学、完备的服务网络，以量化评估的方式对分馆和服务点的服务内容进行评估。另外，图书馆应进一步改进图书借阅系统，不断拓宽其服务范围，积极推广图书馆服务，让更多的机构、企业、社区、学校和军事基地等从中受益。图书馆应根据不同群体的需求，为他们提供定制化的服务；采用多种形式的图书流动活动，将图书送入社区、商场，并送入市民家中、咖啡馆、公园广场、休闲场所等。

2. 深化服务层次

提升读者的自助服务体验，加强自动化服务的能力。利用移动互联网、物联网及大数据技术，借助云平台整合多种新媒体系统，向用户提供高水平的智能化创新服务。图书馆可以借助实际的技术案例，推广移动设备的自助和自备服务，在各个领域带动其广泛应用。

图书馆应汇集各种文献和资料，逐步归纳它们的内容和联系，以构建一个以内容为基础的知识网络，从而全面提升其专业知识服务水平。利用大数据技术，图书馆可以实现对信息的即时收集、提取、探索和加工处理，以供各种信息服务系统使用，并使信息服务得以更深入、更优质。图书馆应利用信息社区的力量，对馆内文献信息资源进行深度分析和挖掘，以为不同级别的用户提供贴合其个性需求的多元化服务。这样，图书馆才能够更好地满足拥护的不同需求。通过这种方式，图书馆可以不断改进资源整合的目标和灵活性，以更好地满足用户对个性化信息的需求。

（十）打造智慧空间

相对于传统图书馆，智慧化图书馆的服务方式和服务模式已经发生了显著的变革，它使得用户可以更广泛地进行互联和信息共享。图书馆应该以人类为中心，积极推动智能化服务和管理，让读者能够在开放、互动、参与的文化信息共享和创意空间里充分发挥自己的想象力和创造力。

公共图书馆应该不断更新服务内容和设施，打造一个智慧的环境，为读者和专业人士提供主题化服务，提供学术平台和优质的阅读体验场所。为了推进智慧城市建设和提供智慧生活服务，图书馆需要强化智能感知和泛在服务环境建设，并对空间进行改造，以便推动其与用户的沟通。图书馆提供以文化和科技融合为核心的全方位服务，旨在满足不同人群的需求。图书馆的服务内容涵盖提供各种工具支持、展示最新的科技成果、提供多样化的阅读和娱乐体验、提供丰富多样的创新空间和开展与信息素养相关的培训等。图书馆应进一步提高"创新空间"的水平和质量，寻求新的方式，为读者和用户提供更多选择，包括但不限于各种主题、经济实惠、高效便捷、全方位服务及开放的创作环境，从而促进和激发读者的创新思维。另外，图书馆还可以增强和其他社会创客空间的合作，一起策划、举办各种创意展览和课程等活动，以扩大读者之间的交流平台，促进他们思想创新和共同进步。图书馆的目标是为所有有创造力的人提供有益的信息，帮助他们在互联网上进行创新和创业，从而打造一个优秀的创新创业服务平台。

（十一）加强对外合作与交流

通过建立一个图书馆联盟平台，可以促进各个图书馆之间的交流与协同，从而为科研合作和业务协作提供支持机制。此外，图书馆可以精心组织和安排地区或全国性的学术研究活动，以促进业务合作项目的进一步发展和推广。另外，还要加强与不同类型图书馆的合作，包括大学图书馆、研究机构图书馆等，从而实现资源共享，提供更有效的合作服务；此外，还应建立一种相互补充和有益的合作体制，以促进国内不同行业之间的沟通和合作。

图书馆应努力拓展与其他国家和地区的交流范围，增强其影响力和交流的深度和广度。在与各地区交往方面加大覆盖面也是至关重要的。图书馆应积极参与和推动各类与国际图书馆有关的活动，以加强其与国际组织和行业组织的友好合作关系。此外，图书馆还应持续不断地拓展和扩大与国际合作的领域和范围，可以通过参加学术论坛和商业培训等活动，学习和吸收国外先进的图书馆管理理念、技术和方法，以便应用到其工作中。此外，还要建立一个图书馆联盟，以及创建一个信息共享和服务平台，加强与世界主要国家和地区的重要图书馆的合作，促进务实的合作。

公共图书馆应该利用不断发展的物联网、大数据和云计算等先进技术和工具，不遗余力地为读者提供更为创新和便利的服务。由于时间和空间的限制大大减少，用户现在可以更加轻松、便捷地享受图书馆服务。为了满足用户不断增长的文化需求，公共图书馆需要采用最新的技术，提供更加智能的服务，同时，这也是确保图书馆持续发展的必要条件。智能图书馆已经在许多方面进行了创新改革，与传统图书馆相比，已经服务有了显著的差异。如今的图书馆已经不再是单纯的阅读和学习场所，它们已经变得更加多样化，不仅提供学习环境，还为用户提供社交、休闲和娱乐等多种服务。因此，图书馆必须注重将该场所打造成城市中非居家或工作场所的重要场所，为访客提供丰富多彩的服务体验。目前，公共图书馆在智能化方面还有待改善的地方，同时也需要进一步提高其提供的智能服务的质量。公共图书馆需要积极应对现今的机遇和挑战，努力促进智慧化建设，以更好地满足读者的需求。

第五章
智慧图书馆服务的建设与实例

本章主要从智慧图书馆服务建设和智慧图书馆服务实例两个方面对智慧图书馆服务的建设与实例展开了分析。

第一节 智慧图书馆服务建设

智慧图书馆的建设是一个逐步演进的过程,并不能单凭某种技术的应用来实现,更不能仓促行事。所以,智慧图书馆的建设,应该按照一定的原则和目标,逐步分步与分阶段地实施。

一、智慧图书馆的建设原则

(一)以人为本,服务用户

随着时代的发展,现代信息技术持续迭代更新,加速了人类知识储备的扩张,也缩短了学习的周期。人们要想跟上信息社会的迅猛发展,必须将所掌握的信息转换为适用于自身的知识,并且将已经无法跟随时代发展步伐的旧知识和信息淘汰。因此智慧图书馆的目标应该是为每个用户提供帮助,使他们获得这种能力。智慧图书馆可以将图书馆用户分为两类:一类是对现代信息技术不熟悉,却有学习需求和知识渴求的学习者;一类是对现代信息技术较为熟悉,精通现代信息技术理论,并能在日常科研学习中熟练应用,对某些特定知识领域有专门的深度知识需求,并具备较高的信息素养水平的研究群体。

智慧图书馆的原则是以人为本,以服务用户为主,通过挖掘数据,及时发现潜在问题,并区分用户的常用和个性化需求,从而提升图书馆的使用价值,超越传统图书馆的存储、借阅等功能。对于学习者群体而言,为了满足共同的需求,智慧图书馆可以将重点放在帮助他们掌握图书馆所提供的信息工具方面,进而提高他们的信息素养能力,并通过这样的方式,培养他们独立解决问题的能力。对于研究群体而言,智慧图书馆旨在帮助研究人员更高效地获取更全面、准确的信息资源,在更短的时间内完成对研究对象的深入研究,同时为他们提供简便、易用的信息工具。通过对用户数据与统计资料的定期收集,智慧图书馆可以为各种类型的用户提供个性化、人性化的资源,以满足他们的个性化需求。除此之外,智慧图书馆需要以综合两种需求为前提,制订出一套更加科学化和系统化的解决方案。

（二）降低门槛，强化功能

随着互联网进入人们的日常工作和生活，各类用户对互联网提出了更多的需求，因此以用户为中心的互联网商业技术也日益成熟。现如今，微信、微博等社交媒体软件已成为多数人在移动终端上的主要使用工具，以满足他们对方便、实用的要求。社交媒体平台创造了一种独特的社交环境，与我们在现实生活中所经历的社交场合不同，这种在线社交方式已逐渐成为现代人的特殊生活方式之一，反映了当下信息时代的生活状态。随着社交媒体平台的不断发展，传统的语言交流等方式已被各种社交软件所替代。

社交软件的成功得益于其丰富多彩、功能强大的特点，这使它在互联网浪潮中占据了重要地位。用户所期望的并非是单纯的功能堆积，而是可以真正满足他们不同需求并解决问题的方案。因为长时间使用，社交软件积累了大量的用户反馈数据，通过这些数据可以得出用户的实际需求。此外，在社交、通信等不同方面，软件也会有针对性地开发出符合用户需求的功能。实际上，社交媒体的使用非常简便，只需要拥有一部手机与接收一条短信验证码就可以使用，不需要经过烦琐、复杂的操作流程。就目前而言，大多数用户对图书馆的印象仍停留在传统的储藏场所、阅览场所等设定上。因此，在使用图书馆时，人们通常会依据对这三种场所的需求进行安排和利用。当用户有特定和高级资源需求的时候，由于他们可能不了解具体的使用方法或不具备高水平的技能，他们通常会通过使用百度、谷歌等社交检索工具来获取帮助，因此也促使互联网数据库逐渐成为大众获取关键信息和知识的最主要来源。互联网背景下虽然涌现出众多新型信息媒介，使图书馆在某些方面显得弱势，但是图书馆在版权保护、资源权威性等多个方面具有无可替代的独特优势。所以，要想充分发挥图书馆的优势，就需要拉近用户和资源、用户和用户之间的距离，并让图书馆成为一个低门槛的实用场所。

（三）突出试验，启迪创新

"实验室是现代化大学的心脏。"[1] 可见实验室是现代化大学的重要组成部分，它能够在启迪创新方面发挥关键作用，对促进科学试验具有重要作用。现代大学创建以来，实验室在理论总结和实际成果发明方面都扮演着至关重要的角色，为学术成果的产生作出了显著的贡献。因此，可以说实验室是现代大学的核心。实验室虽然在学术研究与注重创新思维方面领先其他领域，

---

[1] 冯端：《实验室是现代化大学的心脏》，《实验室研究与探索》2000年第5期，第14页。

但在面对广大人群的时候,简单发表文章和项目的做法还不足以满足社会教育的需求。

除了学校,图书馆也是非常重要的教育阵地之一,因此图书馆应积极主动参与社会教育事业,同时与实验室教育体系保持同步。由于图书馆的特殊性质,它与科研机构不同,它可以满足各个年龄阶段和职业领域的人们的不同要求,所以图书馆对用户的门槛没有任何限制,向所有有需要的人提供馆内的所有资源,无须任何条件。另外,我们应将图书馆空间视为室内实验室,它可以为学生、研究人员及企业家提供一个重要的平台,从而开发、测试及充分展示智能技术,对收集到的数据进行协同分析,以指导相关项目的顺利开展。这种做法的优点在于当图书馆面对正值认知能力提高的年龄段的学生用户的时候,如果可以像实验室一样启发他们进行主动探究、分析及解决问题,那么就可以在他们的成长过程中埋下独立思考的种子,进而在今后实践中更好地孕育和发扬这种思维能力,从而在长时间学习生涯中逐渐成长为具备创造性思维的优秀人才。针对非学生用户,可以创造出类似于实验室一样的学习环境,吸引他们积极参与到探索知识的过程中。需要注意的是,这种学习环境应该注重引人入胜、引发思考的,积极鼓励用户对问题产生质疑,从而使其让用户更深入地记忆和运用所掌握的知识,提高智慧水平。

(四)打造智慧共同体

智慧共同体是智慧图书馆的重要组成部分,它是智慧城市理念的体现,并将成为未来智慧格局的重要构成要素。可见,智慧图书馆不是单独存在的。因此,在建设智慧图书馆的过程当中,必须对整个智慧体系的问题进行综合考虑,不可仅强调智慧图书馆在个体方面的作用,而忽略智慧图书馆在整个智慧体系中的具体定位。智慧图书馆作为一种连接用户和资源的媒介,在资源体量与权威性方面有着较大的优势。在智慧城市的背景下,智慧图书馆应该将自身的优势充分发挥出来,为用户提供更多获取知识的渠道和途径,并引导用户高效、便捷地获取知识和使用知识,最终与社会快速变化的要求相适应。除此之外,智慧图书馆还应该为用户打造一个全新的空间,它融合了学习、交流及创新,以便进一步培养和提升用户在创新方面的能力。智慧图书馆作为智慧城市中的一个重要教育场所,可以无门槛和全天候地为学校教育提供支持与补充。因此,在建设智慧图书馆的过程当中,其不仅需要加强自身方面的功能,还要推动和促进与文化和教育系统之间的有效协作。这种协作应该借鉴和参考智慧图书馆诸多成功的实践经验，使智慧发散，交流创新，共享包容，最终使用户群体成为"智慧公民"。

二、智慧图书馆的建设目标

（一）总体建设标准化

标准作为经济活动的基础，不仅是社会不断发展的重要技术基石，还是进一步促进治理体系与能力现代化的关键基础性制度。近年来，国家在经过综合调研与考证之后推出了针对标准化的一系列规章制度，并成立了相应的标准化组织，比如在2014年成立了国家智慧城市标准化总体组等。这些事实表明了智慧型社会正趋向标准化，未来智慧城市将逐渐采用标准化方法，其中包括智慧图书馆等智慧建筑，以实现更好的映射服务。在宏观层面上，智慧图书馆建设的标准化能够真正实现系统性规划和有序指导，为全国的智慧图书馆建设提供科学、规范及合理的有效支持，建立科学的工作机制与工作模式，促进图书馆事业的转型和升级。同时，通过总结经验和共同创新，智慧图书馆最终将建立服务管理、用户利益和创新驱动的良好格局，确保服务标准化，使得用户的利益受到保障、创新活力得以引领。

（二）区域探索特色化

智慧图书馆作为知识传播的媒介，并非大规模生产的产品，应该充分开发和淋漓尽致地展现本馆独特的功能和资源，以提高用户吸引力，相较于搜索引擎、社交软件形成竞争优势。因此，智慧图书馆需要严格按照不同的地域、文化乃至不同人群的需求，切实实现因地制宜、因人而异及因馆而异，努力使智慧图书馆具备独一无二的功能和魅力，从而真正改变公众对图书馆千篇一律的印象。智慧图书馆是文化承载的机构之一，不仅要注重保存文化遗产，还要利用和整合馆内外有价值的资源，将文献资源的保存、保护范围拓展和延伸到戏剧、曲艺等多个领域。智慧图书馆积极探索独特的保护方式，丰富和打造馆藏资源结构和自身品牌优势，在此过程当中逐渐形成以智慧图书馆为核心，并且挖掘、开发、保存和利用丰富多彩文化资源的良性循环，最终找准新的发展定位。

（三）用户服务赋能化

在智慧时代背景下，快速变化是家常便饭。智慧图书馆作为人们学习和交流的场所，一直以来扮演着重要的角色，为了应对这种变化，服务赋能成为智慧图书馆理想的服务模式之一。这种模式使得服务可以不断迭代和升级，以适应不断变化的需求。这种新型服务使用户可以更有效地利用智慧图书馆内的技术设备，获取相关的知识和信息资源。用户可以通过此服务获得反馈和思考，在某种程度上进一步提高了他们搜索、定位和创造知识的能力。图书馆作为提供信息查询的重要场所，它也应该为提高就业机会、提升创业能力等多个方面提供全方位的服务支持。通过服务赋能化，智慧图书馆除了能够让用户实现自我提升，还能够提升智慧图书馆自身的价值。过去，图书馆的价值主要体现在纸质书籍的传播方面。随着信息技术的发展，未来智慧图书馆的价值将主要体现在知识的共享与交流方面。这种双向交流模式可以帮助用户更好地传承知识，一方面展现了智慧图书馆具有先进的技术，另一方面也真正回归其本质意义。

（四）管理控制精准化

随着智慧图书馆的不断完善，信息量的持续性增加，为了保证各项活动的顺利进行，必须精准地管理和控制信息。这种管控是智慧图书馆在面对新的环境和形势时，通过实现有序、结构化及精确化的管理过程，快速适应新变化。利用各种先进的信息技术，智慧图书馆的管理控制系统能够实时管理和控制产生的海量信息数据，对信息数据背后的知识资源进行深度发掘的同时，还能有效应对紧急情况。通过精细观察与管理离散式信息数据，图书馆能够更准确地了解用户的思维和行为习惯，以及科学指导技术设备的研发和新技术的发展方向。针对由于管理不善导致部分数据资源遭受破坏的情况，智慧图书馆能够运用已有的数据信息，科学、合理地估算缺失数据，从而尽可能地弥补智慧图书馆因数据缺失而造成的潜在损失。智慧图书馆通过精细化的管理和控制，不断完善和优化内部的环境，保证业务流程和组织框架的高效且可靠。同时，还要要确保智慧图书馆具备一定的灵活性，使其战略规划认真贯彻和落实到每一个环节和细节，使其在整体方面的运营能力得到较大幅度的提升。

三、智慧图书馆技术模型的构建路径与建议

现代信息技术和新的服务理念的提出为图书馆带来了创新变革，以馆藏文献为基础提供服务的传统图书馆逐渐演变为提供信息和知识服务的智能图

书馆。虽然图书馆的转型升级实现了信息流、人流、资源流等的全面流动，为用户智能化体验添加了色彩，但在现今，用户关注的重心不再是对知识的挖掘和信息的获取，而是把目光转向以高效率的速度获取满足自身个性化的服务需求上，用户聚焦的重心已经从单一发现信息转变为以多元化渠道获取满足自身需求的多样化信息资源。智慧图书馆技术模型的构建，不仅为智慧服务的创造性飞跃提供了组织、整合和深化的保障，还激发了用户的知识创造热情，迸发出新的信息增值产品，成为新的用户服务体系的催化剂。图书馆以自身明显的资源优势并融合智慧图书馆先进的服务性能，结合前人构建的图书馆模型并基于融合与协同的理论基础引进智慧化现代技术，以构建满足用户需求的技术层次服务模型，打破了以往图书馆用一种通用服务模式满足用户需求的现状，促进图书馆"服务用户，满足用户"的服务理念稳固发展。

（一）智慧感知层功能

随着高新技术应用机制的大面积普及，加上图书馆数据的采集、组织、分析能力的增强，图书馆大数据所呈现的容量大、时效性强、多样化等特点已经不再是图书馆数据决策分析的主要障碍。而图书馆本身所特有的价值密度高、动态变化快等数据优势已经逐渐成为构建智慧图书馆服务和完善用户服务质量的重要参考依据。智慧感知层使图书馆具有"感官"功能，使之能够及时进行物体和信息的双重感知。智慧感知层中的感知数据是数据资源层的根本来源，也为智慧应用层提供服务决策。另外，具有计算功能、便携式佩戴、可网络连接的可穿戴设备在图书馆中的应用，可以采集用户的健康指标、行为偏好、心理生理特征等数据，实现了对用户相关数据不间断的感知。由于物联网技术的深入扩宽，图书馆可通过各种传感器（温度、湿度、光敏）收集图书馆环境数据，实现对图书馆环境的监测，使图书馆具备智慧楼宇、水流控制、光线控制、温度调节、及时通风等功能，并通过互联网将硬件设备、用户、阅读终端等连接为统一的整体。视频监控设备、网络监控设备的加入，对图书馆内部实体资源的定位、管理和监控起到了重要的安保作用。由于图书馆拥有大量的馆藏资源，RFID技术的广泛应用改变了图书馆馆员按照图书分类号手动管理图书的方式。图书馆馆员只需使用RFID相关设备将图书信息导入RFID智能标签进行存储，就可以掌握图书馆书籍排架，用户的借还数据、阅读偏好等信息，为图书馆进行高效管理为和提供用户进行个性化服务等提供了价值依据。

总之，智慧感知层主要完成对馆内环境、用户行为、情景感知、用户阅读收益反馈、设备管理等数据的全面感知、识别、获取与组织，并将数据进行预先处理，是智慧图书馆功能平台中数据处理的最基本的支撑技术环境，是一种从海量、嘈杂的数据中挖掘有用信息的基础设施层。

（二）网络传输层功能

网络传输层是整个智慧图书馆体系结构中的传输单元，用于实现物联、数据传输和控制功能。物联主要体现图书馆中人、物、设备、图书馆建筑等的协同互联，让图书馆各个要素形成统一的整体，不可分割。例如，由无线网络技术中的 Bluetooth、Wi-Fi、ZigBee、Sub-1GHZ 等进行智能定位，以及管理用户与图书馆纸质、数字资源之间的实时对接，同时对网络监管用户行为数据、馆内数据、用户阅读与服务收益数据、设备管理数据等的实时传输。数据传输则根据不同感知设备和系统之间的异样信息需求，通过无线网络、三网融合、计算机通信网络完成数据的准确上传，以安全性、可靠性、高效性、快捷性的形式保证用户数据透明、准确地流动，避免数据失真，并为数据资源层进行数据处理提供了安全的网络环境。随着互联网等技术的日臻成熟，借助网络连接，用户可通过人体声音、动作等在计算机屏幕前进行资料查询、服务预约、数字资料阅读、在线讲座观看等，打造人机交互的服务形态，充实了网络环境。智慧图书馆的网络全覆盖也为图书馆信息推送、多媒体服务的介入、实现图书馆馆藏资源的排架和自动管理、环境的有效监控、用户智能导航等特色服务提供了基础。

（三）数据资源层功能

数据资源层主要由用户数据和相关的处理技术两部分构成。根据智慧感知层采集的数据类型，可将其分为以下五种数据。第一，馆内数据包括图书馆馆藏数据资源、数据库系统状态、新进图书数量、用户流动量等数据。第二，用户行为数据主要包括稳定和动态数据，其中稳定数据包括性别、年龄、专业、受教育程度等；动态数据主要包括用户借阅频次以及浏览、收藏、检索过程中产生的图片、文本资源、视频、音频等数据集合。第三，情景感知数据包括馆内温度、湿度、通风强度、灯光强弱、用户距离、位置状态等。第四，用户阅读收益反馈数据主要包括用户的书评、打分、评价、推荐等阅读行为。第五，设备管理数据主要包括设备运行状态、参数设置、设备报警数据等。

因为图书馆数据中生成的数据类型多样，涉及文本信息、图片、音频、视频、情境信息等复杂变化的数据态势，所以先进技术的运用对图书馆数据的存储与处理具有修正作用。数据仓储是对图书馆分散的数据进行抽取、清理、加工、存储、整合的信息处理过程，以确保图书馆数据仓储内的各类信息的完整性和结构的统一化。

在以上这些数据的基础上可以对智慧图书馆的未来服务趋势作出进一步的决策和定量定性分析。其中，数据挖掘又被称为"数据采矿"。从大量的图书馆馆藏数据、文本数据、社交网络数据中探索隐藏在数据工程中的增值信息，也为智慧图书馆精准化服务、用户个性化推荐服务提供了平台支持。云计算在智慧图书馆中的应用具有巨大的开发价值，特别是在大数据时代，云计算的高效运转加上其极强的计算能力，可以准确分析用户在网络中的检索历史信息、兴趣偏好信息、用户对相关信息的选择和剔除信息，从多个方向了解不同用户的行为偏好，明晰用户的信息需求，并有效配合数据挖掘技术精准预测用户需求内容，为其提供个性化和鲜明化的用户服务。在使用过程中，云计算不仅降低了图书馆处理数据的成本，还解决了图书馆数据类型繁杂、垃圾信息偏多、资源分布参差不齐等复杂问题，不断完善和丰富智慧图书馆服务。另外，语义分析技术有助于自然语言、语音、视频等信息的识别和处理，理解文本信息中不同语段之间的文本单元，易于消除用户在检索资源时产生的词义分歧。信息推送技术的使用可以实现时间和空间的无差别信息推荐服务，实现服务内容的无盲区和精确化。

总之，图书馆应该灵活多样地采用大数据存储与分析技术，实现图书馆服务的最优化，达到数据价值的最佳效果。

（四）智慧应用层功能

智慧应用层是整个技术模型体系的顶端交互层，基于数据资源层的广泛性分析支持，它是业务服务的逻辑理念实践于用户与应用的友好途径之中的伟大工程。智慧图书馆的服务应用体现了用户体验升级化、智能信息化、智慧空间化、内容可视化的四大特点。从用户体验的角度来看，智慧服务是服务的全面更新和升级，以主动的方式关联用户兴趣并将资源推送给用户，是从数据到信息再到知识的全面转化，如用户个性化推荐服务。从智能信息化的角度来看，智慧服务使用户浏览图书与图书馆室内参观、情境信息推荐等场景化服务得到发展。多媒体技术带来的三维感官和视觉体验大大调动了用户参与的积极性，也有效地提高了用户对图书馆服务的忠诚度，提高了用户黏性。除此之外，从智慧空间的角度来看，智慧应用层可以使图书馆各项管理设备和硬件设施"说话"，借助传感技术感应它们的运行状况，实现馆内各个环节的智慧控制，为用户打造人性化、智能化、感知化的服务生态。从内容可视化的角度来看，智慧应用层重构学科信息内容的可视化传递，其核心要领是通过数据可视化将文本信息转换成图形或者图表的方式传递给用户，以直观的方式呈现在用户眼前，体现身临其境的服务感知。

1. 用户个性化推荐服务

智慧图书馆个性化推荐服务是依据用户的兴趣存储单元和用户信息行为，按照"用户—资源"的推荐形式提供的精准化服务，对用户的信息行为进行深度挖掘，增加服务的敏感度，推荐用户感兴趣的知识。"用户—资源"的映射结构源于数据仓储中的用户信息（兴趣爱好、检索内容、评价、点评、借阅数据、检索下载、账号活跃度等信息输入行为）及馆藏信息，根据读者的具体情况，运用对应的信息推荐算法来满足用户的信息需求，并输出精准的服务预测，包括用户兴趣预测、对象推荐检索等。朱晓云认为，应当以用户群需求为基础，从庞大的资源中提取用户特征，进而提供真正满足用户需求的那部分内容[1]。其中，用户兴趣预测主要根据用户专业背景、搜索内容推荐与用户检索行为相匹配的用户信息；对象推荐主要体现在资源推荐、图书馆书籍推荐等，通过获取用户的借阅日期、用户统计、用户分析、用户类别等为用户提供专业的相关文本资料、排名靠前和欢迎度最高的图书，从而完成准确的荐阅服务。

2. 场景化服务

智慧图书馆服务对象面向不同的社会群体，用户通过无线网络等技术将智能设备（手机、平板电脑等）接入网络之中，并随时随地浏览图书馆资源，为场景化服务提供了丰富的情境信息[2]。传统的情境感知技术比较单一和静态化，而场景化主要倾向于融合多种信息、多方面描述用户情境状态。该场景涉及用户地理位置、时间、网络环境、设备参数、用户兴趣等多种信息，场景具有复杂性、突发性、多变性等特点。以"云舟"为例，云舟作为新型

---

[1] 朱晓云：《Web 数据挖掘与个性化信息服务中用户研究》，《情报杂志》2004年第2期，第34—35页。

[2] 柳益君、蔡秋茹、何胜，等：《高校移动图书馆的场景化资源推荐服务：要素、模型和技术》，《图书馆学研究》2018 年第 1 期，第 67—71 页。

的知识空间服务体系，它可根据不同的场景推送不同的信息。智慧图书馆通过感知用户信息需求，运用数据挖掘技术来获取用户偏好需求，运用可穿戴技术、位置传感器等来感知用户最新状态，运用多媒体和语义分析技术来提升用户社交网络氛围，加大对用户网络信息需求的理解程度，通过"用户—信息—场景"的三项原则，为用户所在环境提供可以达到用户期望值的信息集合。

3. 多媒体服务

近年来，许多大学图书馆突出了多媒体服务，但是国内的多媒体服务还处于发展和探索阶段，与国外的加利福尼亚大学伯克利分校的多媒体资源服务中心提供的个人资源存储空间服务和密歇根州立大学的多媒体数字资源中心设立的软硬件多媒体应用服务相比还存在一定的差距。在智慧图书馆环境下为用户打造多媒体服务中心，丰富的资源配置、智慧人员的设置、舒适悦目的温暖环境，以及文本、数字、视频等充足的资源为多媒体服务提供了硬件保障和材料来源。用户在多媒体氛围中可录制图书馆微视频、心得分享、音视频剪辑与制作并上传至网络平台，量身定制合适的自媒体。此外，多媒体服务还可以为用户提供深层次的教育和培训平台，以用户知识需求为基础，变化更新教学场景，进一步为用户提供教学和实验环境，使用户进行主动学习和创新探索。

4. 智慧空间服务

"空间即服务"的理念映射了高强感知和强效记忆的空间循环体系。空间类别主要涵盖资源存储、教学规划、研究交流、能力提升、空间感知五个方面，分别对应知识存档、知识吸收、知识组织、知识创新和环境感知五个职能。资源存储所体现的知识存档，主要是指对纸质和数字资源的有效存储，让用户不受时间和空间的限制，畅游于图书馆服务的海洋之中。教学规划对应着知识吸收，为教学服务创新提供新型教授知识空间，为活跃教学氛围、提升学生吸取信息的积极性、提高学生素养、促进学习心得共享创造了实体空间。研究交流是知识组织的有效手段，借助线上线下的互动交流、组织多学科和跨学科的研讨团队、展示学术成果等开辟了智慧服务特色空间。能力提升是知识创新的升华，智慧图书馆新技术展览、改造创客空间、新实践成果展示等与用户不断更新的知识需求交相呼应，不断完善用户的知识能力和文化需求。环境感知是从物理的层面来加强智慧图书馆的感知环境。智慧图书馆可借助智能传感器实时更新馆舍温度、湿度，适当调节空间亮度，不断改善用户在智慧图书馆中的学习环境，提升用户的健康指标。

5. 可视化服务

随着互联网时代的来临，用户更加习惯借助网络查找自身需要的信息，也更偏爱于使用百度、谷歌、图书馆检索平台等渠道检索信息，但是它们呈现的信息结果各异，甚至关联性不高的信息也颇多。因此，健全图书馆可视化服务已经是大数据时代不可缺少的服务方向。例如，南京工业大学为了解决用户之间项目申报流程不畅通、信息推荐服务与科研人员信息素养不协调等问题，开展了可视化的形式来展现学科信息服务，大大改善了检索效果。所以可视化技术的深度运用可以在有限的检索空间内以图表、图片、三维图形等可视化的形式将文本信息、数字资源、专业资源展现给用户，并且各检索信息条目之间的关联图谱，并且作者之间的合作、参考文献、所属分类都以生动、可视化的效果清楚地呈现在用户面前。

6. 虚拟现实服务

智慧图书馆引入虚拟现实和增强现实技术，不仅可以弥补数字图书馆交互性不强、互动性不足等缺点，还可以创建虚拟三维馆景，让用户享受虚拟现实的服务。查找书籍和相关资料是用户访问图书馆的主要动机。在虚拟现实环境下，图书馆以三维空间的形式将图书馆馆藏资源存储于数据仓储中，而用户只需在虚拟环境中查找相关数据和资料，避免了传统图书馆借助图书分类号查找的局限性。与传统图书馆相比，智慧图书馆的知识共享性更强，虚拟现实和增强现实技术的融合可以模拟虚拟阅读功能，可以形成一套完备的图书馆仿真系统，将珍贵古籍和手稿以立体化的形式展现给用户。由于图书馆格局复杂，特别是对于新用户来说比较陌生，用户很难准确把握图书馆的整体布局，所以虚拟化图书馆的整体布景设定可以以信息推送的形式传递到用户的手机中，使用户可以清晰掌握图书馆的各个楼层布局和功能体系。

（五）构建智慧图书馆技术模型的相关建议

1. 关注用户隐私保护

用户注册图书馆的基本信息、网络行为痕迹、借阅记录等信息在用户不知情的情况下被智慧图书馆感知层抓取和采集，从而导致了对用户隐私权的侵犯。特别是在用户数据被逐渐深化的过程中，用户进入物联网、互联网、社交平台的行为足迹越加显著的情况下，图书馆对用户数据达到了资源化的程度，以及病毒侵犯可能会泄露用户重要信息，这样会给用户带来不可避免的麻烦。因此，对用户信息保护的完善不仅是技术改进的问题，也是用户隐私安全意识的提升问题、多方向互动发展的互动融合机制问题。

（1）从技术维度方面加强用户隐私保护

为了避免用户信息被非法侵入，智慧图书馆可在感知层和网络传输层引进 EPAL 语言和 PP 标准协议来加强用户对自身隐私信息的保护，让用户可自主设置信息检索的类型、目的等，回避因对用户信息的多维感知而对用户自身隐私保护造成的模糊性等问题。在数据资源层方面，数据挖掘、信息推送、语义分析等技术主要处理、组织、清除用户相关信息，而为了达到预期的服务效果，必然会对用户信息进行追溯，这为提前暴露用户信息行为踪迹制造了漏洞。用户匿名化技术的实施可以将用户隐匿在隐性的区间之中，使用户信息定位无方向感，加上健全的信息加密机制，实现了用户信息隐匿处理和保护的双重效果。为了保障用户服务的准确请求，图书馆可在智慧服务层设置身份认证、访问控制的动态静态密码机制，来确保用户服务身份的唯一性。

（2）用户安全意识提升及相关政策制定

此外，用户参与隐私保护程度不高、安全保护意识不强也是引起用户隐私保护缺失的重要原因。所以，在用户使用用户信息之前，图书馆应该告知用户使用信息的用意，来消除用户对隐私安全的敏感度。因此，建立严格的"图书馆—图书馆馆员—服务终端提供商"三方联合机制，严惩泄露用户信息等不法行为，这对加强用户隐私安全保护意义非凡。

（3）多种方式探索用户隐私保护

用户隐私安全保护是社会非常关注的热门话题，仅仅从技术和隐私政策制定等层面难以确保隐私信息的隐秘性，所以多角度的协商管理机制对用户隐私保护至关重要。图书馆数据管理库应该设置安全杀毒系统、智能漏洞修复软件、云存储数据备份平台，按照安全程度采取对用户数据逐层加密的方式来预防由于系统漏洞或者数据损坏、自然灾害、人为损害造成的不可恢复的后果。除此之外，设置软件监控信息流、用户隐私保护技术人员设定、多学科融入机制，以全面性和多赢性的理念来保障数据处理的有效性和安全性。

2. 加强各层次之间的融合

智慧图书馆各层次虽扮演着不同的角色，但在统一构建的过程中，它们之间相互统一、不可分割。智慧感知层对外界、条件变化作出实时感应并获取相关信息，具有生物的感知能力，可以时时刻刻感知并测量各种信息来源。网络传输层如同生物的脉络和传导系统，实现各个物体之间节点的拼接和信息传播。数据资源层扮演着生物体的大脑中枢系统，实现了数据、信息、知识的三方相互转化功能。智慧服务层好比生物体的氧气循环系统，可以生生不息、源源不断地为图书馆的智慧发展提供长久的动力并打造有机的生命体。但是，各个层次之间的统一调节和有效控制是目前智慧图书馆构建的一大难题，而如何打造具有生命统一体生态系统的智慧图书馆也是图书馆界值得深思的问题。所以本书从数据感应接口的规范化、统一技术标准、软硬件规范化的角度来作进一步探讨。

（1）数据感应接口的规范化

数据感知节点的规范化是图书馆内部环境、智慧馆员、设备设施系统运行的首要阶段，考虑到感知层各个节点之间规范、标准不同，数据采集的低融合性及各大图书馆管理系统获取数据的分散性，因此整合不同系统间的数据成为信息分析的关键。为了保证数据处理的整体性和集中性，可将"用户智能一卡通"作为数据接口标准化的凭借，将图书馆用户管理平台、社交软件、搜索窗口与RFID门禁智能系统进行动向兼容；由可穿戴设备、传感器、图书馆管理门户网站、搜索引擎统一设备管理馆内数据、用户交互数据、用户动态行为特征等；情景感知数据、用户阅读收益反馈数据可依照位置感应技术、专家推荐平台、用户信息反馈技术等反映图书馆与用户情境交互数据、反馈评价数据，以精准的服务理念实现图书馆各项数据的定位化、整合化、统一化、管理化，以此提升数据的高效配置度，实现服务效益最优化。

（2）统一技术标准

智慧图书馆是依托智能技术搭建起来的综合性图书馆，但是技术标准的欠缺成为其应用、推广的主要瓶颈。例如，RFID技术标准各式各样，不同RFID技术的组装标准成为各高校图书馆联盟共享合作的阻碍，所以智慧图书馆技术之间的良好兼容性标志着服务传递渠道的成熟化。图书馆应该与合作技术企业建立相关的技术元数据标准，可以借鉴相关成熟化技术产业的体系结构和主流技术的制订参数来保持智慧图书馆构建层次的一致性。

（3）软硬件规范化

在推进智慧图书馆发展的过程中，新软件和硬件设备的引进不可缺少，通过对应的接口通道来加强各层次之间管理系统的交流。但是，各大层次的相关系统之间存在一定的差异，因此更加需要专业管理人员与技术工程师合作开发适应图书馆发展的软硬件设施。在软件方面，现存的图书馆管理系统应该秉承智慧的理念，借助现代化技术手段进行精确的查漏补缺，让当前的图书馆软件系统能够跟上智慧图书馆发展的步伐，达到系统兼容化。在硬件领域，图书馆旧硬件与智慧图书馆期望的设备相比，后者硬件配置比较高端，所以应提升传统硬件设施的技术水平，加深标准接口统一化、运行参数合格化，以防由于标准不同而造成的资源浪费、信息传输障碍等问题。

3. 加强馆员智能转化

图书馆馆员角色职能的转化也是智慧图书馆面临的一大问题。图书馆流通工作的设置将逐渐被淡化，逐步向个性化主动推送、智慧参考咨询服务方向发展，而这需要智慧馆员广泛参与到智慧服务中来。智慧馆员作为用户信息组织的关键人物，如何将用户体验发挥到极致、如何运用新型设备创新服务模式、如何帮助用户获取深度的知识体系，已经成为智慧图书馆构建中需要考虑的重要因素。

（1）努力补齐自身素养的短板

在信息大爆炸时代，图书馆馆员缺少的不是知识，而是为用户提取知识的智慧，所以馆员努力提升自身素养也是智慧馆员的必备素质。智慧馆员的素养包括综合信息精准检索、高效沟通、数据分析、良好心理素质等基本素养。智慧馆员都要朝着"提供用户精准需求的专业馆员"的目标努力，不断提高自身的专业素养和主动出击的服务意识，同时要处理好与各行各业用户之间的关系，努力解决用户遇到的各种复杂问题，爱岗敬业，不断更新自身接受新事物和新理念的服务观。

（2）学科综合分析能力的提升

面对浩瀚的知识单元，图书馆馆员只有不断更新自身的知识体系，探索新思路和新的服务方式，才能提供更加深入地进行智慧服务。图书馆馆员应该具备学科多样化的发散思维，对信息有超前的洞察力，有精确的信息定位和资料甄别技能；熟练理解和掌握信息分析，以及用户需求预测的理论和方法，帮助科研工作者了解最新学科发展的最新动向和热门话题；快速、智慧地综合利用多种学科、新知识的发布，智慧地满足用户多样的服务需求。

（3）提升智能技术和智能化设备的熟练度

智慧馆员除了具备相关素养和学科综合能力，在智慧图书馆管理运行过程中也应掌握现代智能技术和设备，以有效提升智慧服务。馆员应该利用信息推送技术精准推荐用户信息，熟练掌握RFID技术设备，加强用户身份的识别和借还书数量统计。此外，对于智慧图书馆中引进的云计算、感知识别技术、可视化技术、智能化设备，智慧馆员应熟练掌握，树立终身学习的目标，通过知识技能的更新适应日新月异的信息社会，充分扩充智慧图书馆为用户服务的职能宗旨。

四、智慧图书馆生态及场景的构建

（一）基于超级IP的智慧图书馆生态构建

1. 超级IP理论阐释

我们可以将"知识产权"认定为IP（Intellectual Property）的概念，这里的"IP"与计算机领域的IP地址完全不同。这里的"IP"指的是知识产权，它是个人对通过自己的劳动所创建的智力成果所拥有的权利，这些成果可以是发明、文学、艺术、音乐、电影等不同种类的作品。超级IP是一个统一体，包含人物造型、内容元素、流量资源和场景氛围，四个方面的因素相辅相成，共同构成一个整体。超级IP的魅力在于其原创内容的创新和作者个性魅力的展现，并且这种IP具有更高的关注度，可根据所处的场景构建特定环境，进而扩大其影响力，从而为实现商业目标提供支持。一言概之，超级IP指的是在媒介内容领域具有强大商业价值和持久生命周期的跨越性媒介内容运营。

一般而言，能被视为具备可开发和利用潜力的知识产权需要在四个不同的方面展现出其特点，即"知识产权引擎"，涵盖价值观、普适元素、故事和表现形式，且这四个方面对于超级IP的定义而言最为基本，且十分重要。吴声是场景实验室的创始人，他认为超级IP必须具备以下特征：具备出色的内容创作才华、可为个体定制化服务、能建立可信的信任体系、具备强大的连接能力。超级IP能够吸引大量的流量，可以利用个性化推广创作内容。内容的质量是重要的，同时关注以人为本的人格化特点。在建立影响力、实现流量转化的过程中，内容的可信性和人的品德是非常重要的因素。另外，超级IP通常具备广泛的拓展性和跨领域的能力。超级IP的生态系统注重以人为核心，以满足用户需求为导向，可存储用户的记忆和意识，并能够借助自身创造力与外界实现持续的信息交互，这也正是超级IP固有的价值所在。我们可以从内容、人物特质、商业价值（流量）及适应场景四个角度对超级IP进行分析，这些方面能够帮助我们对超级IP的现状进行深入剖析。运用这种方法，我们可以为智慧图书馆生态系统的发展提供有益建议，借助超级IP内在的价值和故事体系，构建该生态系统的理论基础并开展深入研究。

2. 基于超级 IP 的智慧图书馆的生态构建路径

（1）人格维度的智慧图书馆人员要素构建

在过去很长一段时间内，商业模式的重点在于通过推销产品或服务来扩大业务规模，然而随着互联网的兴起，新的商业模式更加强调以用户需求为中心的业务发展。网红经济的迅猛发展对一些人的价值观造成了冲击。这些网红能够依靠自己的粉丝群体自发地传播口碑，无须依赖广告或者营销手段。这从侧面反映出人格的长处，即它具备吸引人、与粉丝建立情感纽带的优势，可以与粉丝之间在精神上达成共鸣。网红具有一种独特的影响力，他们能够通过其个性影响一部分人，并通过口口相传的方式将这种影响传播给更多具有相同兴趣爱好的人。这种影响可以在特定社群中形成类似病毒传播的效应，从而进一步扩大网红的影响范围。一个具备吸引力人格的网红可以带来广泛的群体追求，带来大量的流量，而这些追随者通常会忠诚地支持该网红，成为该网红的核心用户。鉴于超级 IP 在人物形象和流量方面有着巨大的潜力，我们有机会将智慧图书馆的用户转化为忠实粉丝。为了稳定这一用户群体的兴趣，智慧图书馆的内容创作者需要利用超级 IP 的个性魅力或人气效应，提升智慧图书馆的流量甚至开展粉丝消费。要形成吸引人的人格，第一步需要有自己的特色和个性印记，善于扬长避短，能够使用已有的资源传递时下流行和受众喜欢的资讯，这样才能吸引更多的人关注、支持，实现大规模粉丝的聚拢。此外，还需要通过借助主流娱乐媒体和特定社交渠道，与用户沟通互动，加深联系，建立亲密的用户和智慧图书馆之间的关系，让用户成为忠实的粉丝。第二步，一旦某位作家成名，粉丝会密切关注他的所有作品，并深入挖掘其中的内涵。如果智慧图书馆的管理者能够快速收集某位作者的全部资料和资源，并通过向用户推荐这些资源的方式来吸引更多人使用智慧图书馆，那么一定会对其受欢迎程度产生积极影响。这将提高智慧图书馆的吸引力和使用率，从而增加其知名度，扩大其影响力。

①用户层面

通常情况下，消费主权掌握在用户手中。商界普遍遵循客户至上的营销理念。在传统阶段，图书馆注重收藏和保管资源，评价标准常常为资源数量和保存形式。然而，随着互联网和大数据时代的到来，人们对于个人意识的重视程度不断提高，他们渴望拥有更多的自由选择和参与度。所以，现代图书馆应更加注重以用户为中心的管理理念，并且结合智能科技进行全面研究，了解用户的信息需求和使用习惯，从而更好地迎合用户不断增长的需求。要加强用户信息的管理,以下措施可供采取。首先,对于数据收集和数据挖掘,用户的基本属性和行为信息都是非常重要的,智慧图书馆必须加以重视。这些信息构成了智慧服务的基本框架,能够为后续步骤提供重要的支撑。因而,智能图书馆必须强调搜集、解析、管理用户信息,以确保用户信息的实时可获得性。其次,强化用户的参与感。传统阶段的图书馆服务模式单一,缺乏互动性,导致用户参与度不够高,他们不愿主动参与服务。目前,用户渴望一种方式来表达自身的需求,且用户对自己作出自主决策的重要性有较为明显的认识,他们急切地希望参与到图书馆服务的提供、建设和管理过程中来。所以,为了推进智慧图书馆的发展,图书馆有必要更加关注用户对于服务需求方面的反馈。举例而言,智慧图书馆的活动旨在促进读者提出书籍需求清单,该活动包括读者创作画展和图书馆设计竞赛等,以鼓励读者积极参与。此外,图书馆也可以利用独立的社交媒体平台,如微信群、论坛等,让用户共享知识和进行交流经验,并与他人分享自己的见解,从而促进他们更加积极地参与进来。这些举措有助于提高用户的参与度,推动智慧图书馆功能的优化。

②馆员层面

为了与时代保持同步,智慧图书馆必须不断更新建设。而身为智慧图书馆的管理者,馆员须不断强化自己的思想和技能,不断提高自身综合素质,进而适应时刻变化的社会需要。目前,智能图书馆的信息科技和自动化水平不断提高,也利用了多种现代化设备和高科技技术。因而,为了增强自己的专业水平,智慧图书馆馆员需要了解并掌握这些先进设备及其技术,并进行持续性学习与知识更新。此外,智慧图书馆馆员还应该始终保持良好的学习态度,追随时代潮流,提升服务意识,以确保自身能力符合智慧图书馆的要求。

(2)内容维度的智慧图书馆资源要素构建

目前,虽然智慧图书馆的收藏量已经非常丰富,包括纸质和电子资源,但是其展示和获取这些资源的方式并没有跟上时代的步伐,无法满足当前社会意识形态的需求。例如,当下大众更加关注全息投影技术、裸眼3D、虚拟现实等先进技术,但是馆藏资源的表现形式却不能很好地呈现这些内容,就算能勉强呈现也不够便捷。如果图书馆停留在纸质资源或数字化资源的层面,那么它将很难吸引更多的用户。

随着互联网的快速进步,原创内容已经成为重要因素,各种自媒体平台如微信公众号、微博、知乎、抖音等都以内容为中心来获取流量和粉丝,这也意味着图书馆正在经历媒体普及的时代。在这个特殊的时代，创造具有长期吸引力的内容变得尤为关键。内容在超级 IP 领域中至关重要，因此必须确保原创内容具有独特的特点和出色的转化率，以保证其效果。为了把内容传播得更广，图书馆需要确保内容适合在各个社交媒体平台上分享和推送，同时要能够针对不同的用户群体进行精准定位。此外，还需要适当跨越领域，使得内容表现形式更加多样丰富，更富有层次感。第一，智慧图书馆需要根据不同的群体需求设计不同的个性化服务，要确保不同人群都可以通过首页界面进行资料查阅。第二，智慧图书馆需要全方位地进行自我展示与宣传，提升自身知名度，邀请畅销书作者、举办阅读活动都是很好的选择，可以有效提高图书馆的资源利用率。

另外，为了提高用户的检索率，并丰富常见信息资源的形式，智慧图书馆需要采取相应措施。第一，智慧图书馆可以运营特色本地化，并与其他领域展开合作。第二，智慧图书馆可以与外部数据库建立连接，以便将原先仅含文字内容的资料与相关的影音、语音等多媒体资源相连，例如在四大名著文本中加入视频链接，或将人物介绍与百度等搜索引擎相互联结。这类丰富多彩、层次丰富的信息资源十分吸引用户，并能更好地表达信息。第三，智慧图书馆可以运用最先进、热度颇高的虚拟现实技术进行资源的三维虚拟展示，为广大用户提供全方位的感官体验，从而进一步提高智慧图书馆的吸引力和影响力。

（3）流量维度的智慧图书馆服务要素构建

通过打造功能模块、关注用户使用量等方法，智慧图书馆可以加强其影响力。智慧图书馆可以考虑在自媒体平台上注册账号，定期发布涉及专题活动、新书推荐、知识解答及日常心得体会等相关内容。通过在官方论坛中留言并分享想法，用户可以更好地与图书馆进行互动并与其他用户建立联系，同时提高他们的参与度。另外，智慧图书馆可以利用场馆的设备资源举办多种不同类型的艺术展览，这在营造独特的艺术氛围和环境方面发挥重要作用。客观上讲，流量对商业经营有着极为重要的影响。不论是实体的还是虚拟的，我国的图书馆都致力于承传知识、促进国民修养和文化素养的提升，并满足用户的各种知识需求，所以作为公益性机构，图书馆常常得到国家财政的支持。但就实际发展而言，由于资金不足，智慧图书馆计划在实施时常面临推进不畅的困境。因而，智慧图书馆具备商业化运营的潜力，可以考虑开展商业性运营，以实现可持续发展，并兼顾式地平衡商业利益与公益价值。

根据用户基本属性分析，智慧图书馆可以采用一些商业策略来增加收益。例如，举办联合促销活动与商业机构合作，促进畅销书籍的销售；参与某个特定社群内的知识竞赛，该竞赛需要涉及回答问题；为每个专题建立特定的在线书店；邀请作者开展讲演，并在结束时进行书签售卖活动。智慧图书馆的功能可拓展为智库，以满足需求较为专业的用户的信息需求。此外，智慧图书馆获取利润的有效途径之一是提供人工检录和专业内容供应服务，这种做法不仅能够增加用户数量，还能够扩大智慧图书馆的服务覆盖面，增加服务项目数量。

（4）场景维度的智慧图书馆空间要素构建

构建智慧图书馆的生态环境所对应的场景时，一般会综合考虑视觉设计和故事情节两个方面的搭建。智慧图书馆在斟酌用户体验时应该注重美观度，并提供具有实用性的丰富功能，以便不同类型的用户能够轻松找到所需的服务，进而进入特定的场景。智慧图书馆目前已能提供多种知识服务，以满足不同用户群体的需求。这些范畴包含但不仅限于使用者互动平台、适合儿童的科学实验，以及家长育儿的指引等。此外，智慧图书馆设定故事的宗旨是以人类为核心，深入挖掘人类情感、记忆和物质需求，从而激发人们的共鸣和认同。为了增加用户的兴趣和认同感，可以在婴幼儿抚养指导中加入老一辈父母的儿时教育回忆，这样可以让新一代父母更容易接受并践行指导建议，这也是场景的另一种体现。

（二）基于"场景五力"的智慧图书馆场景构建

1."场景五力"理论阐释

"场景"一词最初源于影视行业，用来描述不同时间和地点中角色之间的故事情节所对应的场面，这些场景相互连接，构建出了一个完整的故事链。大数据时代中，需要满足特定属性和条件的场景在影视作品中扮演着重要的角色，所以为了更好地满足观众的需求，图书馆可以利用个性化服务来解决有关特殊场景的难题。当前，多数人将"场景"定义为涉及时间、空间、物质、位置等多个方面的生存环境。美国专著《即将到来的场景时代》中预言未来人类将要进入场景时代，并详细地描述了未来我们在场景时代中的生活理念和思维方式[①]。在该书描述的各种内容里，"场景五力"的观点至关重要。"场景五力"所涉及的关键因素包括移动可穿戴设备、定位技术、传感器、大数

---

① 陈超：《图书馆如何迎接大数据时代？》，《图书馆杂志》2014年第1期，第4—7页。

据与大数据计算及社交媒体网络。通过运用这五种技术，人们可以获得更加生动、真实的场景体验，同时还能够更有效地解决在现实生活中所面临的问题。科技的高速发展，已经让谷歌眼镜、虚拟现实、3D建模和运动手环等多种技术投入实际应用中。此外，我们有时候甚至没有察觉很多人已经在使用这些技术，比如智能手表已经不再是简单的计时器，而是成为一种可以存储和识别信息、记录日常行为数据的多功能工具；在马路上，某人骑着自行车前行时，我们可以将其视作一种场景；某个人低头看着手机的新闻软件信息时，我们也可以将其视作一种场景。随着新型媒体和网络的普及速度越来越快，再加上移动设备不断迅猛发展，我们的生活方式也发生了翻天覆地的转变。如今，在使用手机时，我们往往会养成俯身低头阅读的习惯。在不同的阅读内容中，我们每个人都会陷入各自独特的场景之中，体验丰富多样的感受。由此可知，图书馆需要根据不同场景下的人的需求，提供相应的信息或服务。为了实现此目标，图书馆需要搜集、分析、研究、整合和提供相应的信息。场景的建设旨在满足人们的需求并创造相应的价值。

有些人认为，未来互联网发展的主要推动力是"场景五力"，进而使得我们传统的商业和服务模式发生一些变化。基于"场景五力"，智慧图书馆为了更好地满足用户需求，需要采用智能设备和技术收集用户的属性和阅读习惯等信息。这些信息可以为智慧图书馆提供更准确的用户画像，并为用户提供更恰当的信息服务。此外，这些设备和技术可以帮助智慧图书馆了解用户的场景需求，从而为用户提供更个性化、匹配的服务。通过运用大数据、人工智能和数据挖掘等技术，智慧图书馆能够更加精确地了解用户对于阅读的潜在兴趣。最终，通过链接和获取服务，移动用户能够使各种需求得到满足，获取准确且特定的不同场景下的信息服务。

空间属于场景的必要构成要素。从本质上看，设计空间的作用在于保证各种场景和用户之间的信息能够有效传递，同时达到有效隔离的效果。空间可以被划分为实际空间和虚拟空间两种。然而，历经多年发展，图书馆的进步常常集中于物理空间建设方面，甚至只限于调整空间布局方面。在本质、服务理念、管理理念三个方面，新时代的智慧图书馆已经产生彻底变革。除了注重知识观念和空间更新，图书馆还应强调空间的人性化建设，以确保读者能够从提供的知识服务中获得更深刻的、更愉悦舒适的体验。据用户反馈，合适的空间场景有利于提高他们对知识的理解能力。为了创造适合不同用途的空间场景，智慧图书馆应该对不同区域进行空间设计，这样可以使每个区域都具有独特的人文气息。例如，为营造学术氛围，报告厅的环境应该符合学术要求，而展览室则应该营造艺术气息。通过智能空间设计，用户可以轻松地自定义适合个人需求的小空间场景，无须移动设备或可穿戴设备即可享受自动预约会议室等一系列便利服务。因而，为了给用户提供更好的服务，智慧图书馆在设计场景时必须考虑用户在现实环境中所需要的信息，同时在构建虚拟空间时也要时刻秉持以用户为本的指导原则。

2. 实体空间场景的构建

随着互联网的广泛应用，人们的知识获取方式和时间都发生了革命性的变化。现今，人们的需求已经超越了传统图书馆只提供纸质资料的方式的服务的范畴。眼下，全球的图书馆正努力寻求各种适应当前环境的方案，以进一步提升其服务水平。为进一步推广智慧服务理念，智慧图书馆可引入以下所述的实体空间功能，以扩大其建设规模。

（1）多媒体资源学习空间

随着新兴媒介的兴起，传统图书馆正在向数字化方向迈进，这意味着图书馆不仅需要更新设备，还需要不断丰富数字资源以适应现代化需求。现今多媒体资源能够更加生动、直观地呈现信息，促使传统书籍不断向其转化。所以，智慧图书馆需要构建一种适合学习的空间，该学习空间需要有展示多媒体资源的能力，这是智慧图书馆的关键任务。另外，智慧图书馆还要提供适当的视听装备，以使用户能够通过更轻松、有趣、多样化的方式获得知识。

（2）知识交流空间

智慧图书馆不仅是书籍的存放地，也能提供全方位的知识服务。除传统的纸质书籍外，智慧图书馆还能提供数字化的多媒体资源。这些资源的真正价值在于它们所包含的知识，而它们只是这种知识的不同呈现形式。智慧图书馆的价值不应被局限于提供知识获取的场所，而应扮演促进知识交流和创新的平台的重要角色。举例而言，为了促进读者之间的知识交换，图书馆可以划分特定的区域，如学术交流报告厅、辩论交流室等。这样一来，智慧图书馆可提供一个平台，让读者之间进行有益的讨论和交流。

（3）科技创新实验空间

近年来，政府鼓励和支持人们积极从事创造性和创业性活动，大力宣扬"大众创业，万众创新"。如果一个人拥有创新能力，那么这个人会非常有价值。长久以来，图书馆在培育创新的能力方面表现得都较为不佳，仅仅依靠被动方式提供知识服务。因此，现代智能图书馆需要肩负起这样的责任，比如在大学校园中建立"创客空间",为学生提供能够展示和培养创新能力的平台。相关人员可以在图书馆中设立一个"创意成就展示区",这个区域旨在促进创新竞赛和学术研讨,同时还能让广大师生及用户群体展示各种大小的发明和创造成果,进而为用户提供参观和交流的机会。除此之外,智慧图书馆还需要建造一个高科技的互动区,里面需要配置最先进的科技设备,旨在鼓励用户(特别是青少年)积极参与实际操作,从而激发他们的创新思维。

3. 虚拟空间场景的构建

虚拟空间是计算机系统中的一种抽象的空间概念,它能够有效地隔离虚拟信息与物理实体之间的交互,以保证信息的安全与稳定。智慧图书馆利用虚拟现实技术,能够创造逼真的体验环境,并能在网上建设智慧图书馆的虚拟界面。虚拟现实技术能够集成人工智能、人与机器互动、传感器技术等多个技术领域,可呈现出卓越而复杂的综合能力。通过计算机技术和各种设备,虚拟现实技术可以呈现高度逼真的视听、嗅觉,甚至能够让人身临其境。虚拟现实技术创造的虚拟环境可以让人们超越现实世界的时间和空间限制,享受更多全新的场景探索之旅。图书馆官方网站提供的智慧服务空间,旨在为用户提供便利。创造一种与人文和文化相符的场景,智慧图书馆可以使用户能够享受更加舒适、更加自然的体验,用户不仅可以接受知识服务,还能够更有效地提高知识获取效率。建设智慧图书馆虚拟空间时,需要考虑以下四个方面。

(1) 虚拟阅览空间

通过使用动态或三维全息投影技术,智慧图书馆可以以一种虚拟的形式将资源呈现给用户,从而使用户拥有一种身临其境的感受和阅览体验,实现将传统信息资源虚拟化的目标。这里的"虚拟形式",即虚拟阅览空间。为了达成这个目标,图书馆可以利用可穿戴设备提供远程支持。用户可以自由地浏览虚拟阅读空间中的各种资源,并可根据个人需求在不同场景中自由选择。换句话说,用户通过这种自发的决策方式,可以成功地规避因传统资源过于抽象而导致的各种限制问题。

(2) 虚拟馆藏空间

通过智能可穿戴设备,人们在不久的将来有可能远程访问虚拟图书馆,而不需实际到场。借助虚拟现实技术,虚拟馆藏空间可以还原实体馆藏的场景,使用户能够自由地浏览和阅读书籍,仿佛置身于实体图书馆中。另外,用户可以进行浏览路线、模拟取书以及归还并上架书籍等操作。通过虚拟馆藏空间，用户可以方便地在线观赏珍贵的文物和艺术作品，甚至可身临其境地感受它们的珍贵价值，这种做法也能够在很大程度上避免实物在展示过程中被损坏的风险。

（3）虚拟学术空间

就实际应用角度来看，虚拟学术空间既可以允许多人同时开展大型会议（虚拟化），又可以实现一对一（网络虚拟化的"面对面"）交流。

一般来说，学术会议召开需要耗费大量时间和资源，因为很多学术界的参与者必须相聚一处。在智慧图书馆中开设虚拟学术会议空间，可以使专家学者就近参加会议，这样一来既能节省时间又能降低成本。借助全息投影技术，专家学者能够观察到立体的人物模型，这为无法到场参会的用户解决了距离问题，同时会议的规模也不再受到限制，能够更好地提升会议的效果。虚拟学术空间具备支持大型虚拟会议和实现个体间虚拟交流的能力，这有助于扩大服务受众范围，提供近似真实的面对面交流的虚拟服务体验。

（4）远程虚拟服务

远程虚拟服务的主要受众是那些在官方网站上寻找资源的用户，这些用户可以通过网络访问智慧图书馆的官方网站，从而获取虚拟资源的服务。远程虚拟服务是指利用服务器提供的虚拟空间功能，让用户能够在家中利用设备实现远程访问。客观上讲，这种服务在保持便捷性和可行性的前提下提高了服务水平。另外，远程虚拟服务还配备了应用智能机器人，这种机器人能够根据个别用户的需求，提供针对特定问题的个性化答案。

五、智慧图书馆微服务体系的建设

（一）相关概念及理论基础阐释

1. 微服务的定义

随着互联网的发展，微信日益成为我国民众之间沟通的主要途径。同时，现代各种微型娱乐产品，比如备受欢迎的微电影、短视频和年轻人推崇的视频网络日志（vlog）等，也纷纷涌现。随着微信息时代的到来，微观的事物开始备受关注。无论是像微博、微信这样的应用程序，还是像微表情、微服务这样的感官层面的概念，都将人们带入了一个新的"微"时代，其中人们的视觉和听觉等感官领域也随之发生了变化。尽管微服务以多种不同的形式普遍存在于我们的日常生活中，但目前我们还无法给微服务一个准确的定义。笔者认为，微服务是一种以用户为中心的信息服务模式，它利用大数据、互联网和云计算等技术，以微信、微博、微视频、客户端、Twitter、Facebook等社交平台和App为基础，针对用户的浏览历史和个人需求提供个性化、定制化的服务，并配以插图、文字等形式来呈现信息，从而为用户提供优质的信息服务。可以说，微服务是一种在任意时间和地点都可以使用的便利服务，并且用户可以基于其特定需求选择不同的服务类型。市场上各类新兴媒体平台为广大用户提供了一种展示个人特色的渠道，用户选择何种服务模式，取决于他们的个人兴趣爱好和需求。另外，微服务算法还能够针对不同的用户提供个性化的服务。通过将图书馆的服务细分成多个微服务，可以为用户提供更现代化、高效的体验，并帮助图书馆在信息时代的不断变化中寻求新的发展机遇。

2. 智慧图书馆微服务体系的定义

通过使用智慧图书馆微服务的智能化功能和在线技术，读者将体验到更加智能化和便捷的服务，从而大大提高其使用体验。微服务体系包含许多组件，这些组件之间相互作用和交互，构成了一个复杂的关系系统。尽管图书馆学家在图书馆的智慧化研究上已经取得了一些进展，但是他们仍未详细阐述未来智慧图书馆微服务的发展方向、微服务体系的形成和未来走向。智慧图书馆的微服务体系建设包括图书馆信息化服务的多个方面，从宏观层面来看，可以从资源获取、服务提供、技术支持及用户体验四个方面来分析其整体结构。建立智慧图书馆微服务体系需要确保人员和物资的配置紧密配合，而图书馆资源的建设是该体系构建过程汇总的必要组成部分；馆藏资源是衡量图书馆的规模和价值的重要指标之一；为了让智慧图书馆运营正常，必须有效的分配资源。就智慧图书馆的未来发展而言，其决策和执行的决定性因素是人力资源。所以，探究智慧图书馆微服务体系资源建设的关键之一是研究在微服务架构下进行资源建设对智慧图书馆的影响。

智慧图书馆微服务体系实质上是与图书馆服务建设相关联的研究成果。图书馆的智能化服务体现了高科技和人文情怀的结合，能够为用户提供全新的体验。因此，管理者和云服务开发商齐心协力，积极追求拥有高端科技且不失人文情怀的智能微服务。此外，用户对服务体验的反馈，可以被视作评估管理政策执行成果的指标。也就是说，衡量智能化资源和服务最终效果的关键指标在于用户的满意度。用户的满意度是对服务品质和管理效果的评价，对于管理者和开发商而言，用户的满意度也是用户对其工作成果的反馈。通过关注用户的服务体验情况，智慧图书馆馆员可以改进微服务体系的建设。

3. 智慧城市理论

随着人工智能和互联网的广泛应用，越来越多的城市正积极推进智慧城市建设，这已经成为全球各大城市不可避免的发展趋势。通过融合物联网、大数据分析、云计算技术及地理信息和空间特征，智慧城市可以达到更高效的城市规划和管理，进而为市民提供先进、方便和智能的服务。城市的智能化发展涉及多个领域，其中智能出行是一个重要的组成部分。具体来说，市民可以利用手机终端上的NFC（Near Field Communication）技术来与公共交通工具进行数据交换，实现类似手机支付的便捷出行。目前，智能医疗已经广泛应用，许多大型医院推出了在线预约系统。这个系统使挂号预约变得方便快捷，用户可以在任何时间进行网络预约，而且还能够跟不同的专家进行在线咨询。智能生活缴费服务已经在支付宝、微信等平台以及一些银行处得到了广泛推广。通过使用智能服务终端，我们可以轻松地查询并支付水电费，并且可以通过手机实现生活缴费。各个城市的城市服务正朝着智能化方向迈进，这主要归功于智慧城市系统的不断升级。在智能化管理将成为未来城市运营模式的基石的大背景下，IBM公司和中国联通强调技术和数据信息的作用至关重要，这些工具可以推动行业升级、高效管理和保障民生目标的快速实现。智慧城市是一种全新的城市发展模式，是综合了运营管理、行业生产、服务业务和行政效能等各种资源，以实现全面协同发展为目标的城市战略。

智慧城市和智慧图书馆之间存在紧密的联系，这些联系涉及概念的定义、历史发展、服务系统及技术支持等方面。随着智慧城市的兴起，图书馆也必将向智能化方向发展。这两种创新都能成功地将信息技术与实际服务相结合，进而展现新一代信息技术卓越的应用能力。智慧城市和智慧图书馆的出现，彰显了信息服务正逐渐向Web2.0和知识创新2.0方向迈进的发展态势。它们的核心特点在于利用信息技术和终端服务为广大用户提供深度感知、自我管理等多方面的自助式服务。

（二）智慧图书馆微服务体系建设的原则

随着信息技术的不断升级，智慧图书馆微服务正朝着更加精细化的方向发展，其中"三微一端"的应用也在推动着这一趋势。当下，智慧图书馆微服务的发展势头很强劲，然而它仍有发展空间和进一步完善的余地。由于读者用户是智慧图书馆服务的最终受益者，因此智慧图书馆微服务必须从用户的新需求出发，以提升用户的感官体验为主要目标，建立一个完善的服务体系。服务质量的高低主要由用户体验来决定，因此在智慧图书馆微服务体系建设过程中，需要遵循以下五条原则。

1. 用户至上原则

用户是智慧图书馆微服务体系建设的最终获益者，他们可以享受并促进图书馆智慧化服务的发展。图书馆服务始终秉承以读者为核心的理念。随着科技的不断进步，智慧图书馆更加深入地贯彻了这个原则。为了更好地为读者服务，在引进最新的服务设备的同时，图书馆还需要与其他图书馆合作，共享资源，以满足读者多样化的资源查询需求。另外，图书馆还需要利用科技设备建立反馈渠道，以便认真聆听读者的使用体验反馈，并根据其反馈进行改进。智慧图书馆微服务创新的成功在于注重满足用户体验和服务需求，这是十分关键的。智慧图书馆微服务旨在为每位读者提供定制化服务，以满足用户需求为前提，构建智慧图书馆核心基础的微服务体系。

2. 资源整合原则

对于智慧图书馆微服务体系的建设，可以从四个方面进行探讨，即资源建设方面、服务建设方面、技术建设方面及用户体验方面。这四个方面紧密相连，彼此相互作用，共同构成了一个完整的微服务生态系统。微服务平台上的信息资源整合可以有效利用这些资源，降低知识服务成本并提高效率，特别是在资源建设和服务建设方面。图书馆的各种活动都需要借助馆藏资源，而图书馆使用信息技术来整合这些资源，可以大大提升利用效率。随着科技的不断发展和信息的大量涌现，微服务的服务形式将呈现更加丰富的多样性。为了构建智慧图书馆微服务体系，图书馆需要整合技术资源，并改进微服务技术平台，以确保可靠的技术支持。

3. 服务项目的可行性与易用性原则

当构建微服务架构时，图书馆需要整合不同服务项目的资源，并采用最新技术创新，以实现服务的创新化。在开发新程序时，图书馆还需要考虑服务项目的可行性与易用性，以应对图书馆服务所面临的挑战，并满足用户的需求。需要注意的是，智慧图书馆的服务项目必须具备明确的运行流程并且易于操作和理解。

4. 开放包容性原则

近年来，尽管智慧图书馆微服务在国内的发展势头良好，但其仍处于初级阶段，还未达到成熟阶段。建立智慧图书馆微服务体系时，可能会出现多种挑战和难点。因此，为了让微服务系统建设更加顺利，图书情报工作者和图书馆管理者需要拥有足够开放、足够包容的心态,不惧失败,同时要积极地接纳新技术和新事物的发展。

5. 循序渐进性原则

智慧图书馆在不断优化、不断推进微服务体系的建设过程中,需要始终遵循循序渐进的原则,从简到难,综合考虑微服务体系建设所涉及的各种要素,以确保微服务体系足够全面、完备。

(三)智慧图书馆微服务体系建设的要素分析

从目前智慧图书馆的发展现状出发,图书馆要以服务主体、服务本体、服务技术、服务受体等为入手点,不断推进智慧图书馆的微服务体系建设。

1. 服务主体要素分析

(1) 图书馆管理者

图书馆管理员的职责之一是充分运用自己的专业技能和敏锐的洞察力,深入挖掘信息技术,为用户带来的全新体验。智慧图书馆的负责人需要持续提升图书馆的服务水平,推进创新,同时拓展个性化用户的服务范围。为了使图书馆与信息技术的发展同步,并掌握最新的图情领域进展,图书馆管理者需要学习解决量化图书馆问题的技术,并进行数据分析,持续不断地创新和采用先进科技。智慧图书馆微服务体系的建设通常是由管理者领导的,他们发挥着推动该体系建设的关键作用。

(2) 后台技术人员

如果说管理者应该站在宏观角度去规划和引领图书馆微服务体系的未来发展,那么技术人员就需要具体落实这些计划,并处理微服务体系建设中的各种细节。微服务平台是一种整合了科技和信息资源的服务模式。为了确保微服务平台的后台运行和程序开发顺利进行,技术人员必须协调信息共享和技术资源整合。只有这样,技术人员才能够有效地进行该平台的开发和维护工作。另外,用户更容易接受在操作上更为方便、更为简洁的微服务平台。

(3) 用户

服务提供不仅限于服务使用者,他们也可以成为服务的合作伙伴和享受者,共享自己所掌握的知识,并积极参与服务的拓展和创新。智慧图书馆的发展离不开用户所提供的宝贵反馈,这种反馈将对智慧图书馆发展起到至关重要的作用。除此之外,用户在信息交流中不仅扮演着信息接收的角色,还扮演着信息传播和生产的角色,同时也是参与和影响服务体系建设的重要角色。随着智慧图书馆的迅速发展，愈发广泛的用户群体开始积极融入这一服务体系，从而极大地影响着服务架构的发展方向。因而，智慧图书馆微服务体系的构建离不开用户的积极参与。

2. 服务本体要素分析

（1）馆藏资源

设立图书馆最初的目标是让读者可以方便地获取各种资源信息，并将它们统一收集在一个地方。随着科技的不断进步，图书馆也在不断拓宽其服务范围，并仍然是维护人类文明传承的主要阵地。图书馆的规模和用户满意度与馆藏资源的数量和种类直接相关，因为馆藏资源是图书馆服务的核心和用户获取资料的主要途径，所以其多样性和数量对于图书馆的规模和用户满意度具有关键的影响。为了增加图书馆的吸引力，其需要对馆藏资源进行优化并加大对特色资源的宣传力度。为确保馆藏资源的专业性，图书馆需要慎重筛选信息渠道，严格考核和验证第一手资料的准确性和可信度。

（2）图书馆线上环境

一个有序且开放的微服务平台能够创造出一个积极向上的人性化环境。线下数字图书馆服务的资源媒介是实体图书馆，用户不仅可以免费观看，还可以在实体图书馆免费借阅藏书。而优化线上图书馆的环境条件，用户能够更加轻松地利用微服务平台进行资料借阅和各种文献工具的使用等，最终提高其使用的频率。智慧图书馆微服务平台的优越之处在于其界面设计简洁、信息专题功能齐全、使用简便且易操作，这些因素大大提升了其吸引力。此外，通过聆听用户反馈并提供建议，微服务平台不仅可以积极打造互动、开放的在线图书馆环境，而且可以为构建智慧图书馆微服务生态系统作出积极的贡献。

3. 服务技术要素分析

笔者在这里提及的服务技术要素指的是为提供服务而必不可少的信息技术要素。微服务平台的运营与微服务体系的构建密不可分，所以要充分发挥智慧图书馆的潜力，必须将微服务平台与信息技术相融合。在当今的技术环境中，利用互联网、大数据、云计算、云存储等技术，图书馆可以使用多种载体，如 PC 客户端、App 客户端、iPad 等，来开发一个高度功能化的微服务平台，进而实现跨平台连接、自由缩放图片和文字大小以及智能化的语音搜索等各种功能。例如，图书馆可以开发创新型的应用程序，在图书馆的微信公众号上推出如益智小游戏和能够跨知识库搜索的资源服务。

4. 服务受体要素分析

图书馆微服务的服务对象是读者用户。市场经济强调以客户需求为导向的服务理念，而知识付费时代下的图书馆则以用户为中心的核心价值观为重要指导思想。随着信息时代的发展，图书馆会逐步采用智能化、自助化和个性化的服务方式，以更好地满足用户需求。

用户对图书馆微服务质量的感知和评价从其使用服务的时候就已开始形成。用户群体十分多样，既有学生、教师、科研人员，也包括其他普通群众。因为人们的教育程度和知识储备不同，所以他们对事物的认知和评价也有所不同，这也是需要因人而异提供服务的原因。因为用户的个人价值观存在多样性，所以他们对于图书馆微服务的服务质量会有不同的看法和评估。随着知识经济的发展和互联网的普及，以及信息伦理和制度的不断完善，用户的认知方式也在不断变化，他们对需求的本质和标准也有了新的看法。图书馆可以通过收集智慧图书馆微服务的用户反馈和意见的方式，了解用户对该服务的认识和需求，从而对图书馆服务进行改进和优化。这些反馈可以被用来完善智慧图书馆微服务，使其更加高效，也将有助于未来图书馆微服务平台不断改进服务方式、提高服务质量、提升平台的吸引力和影响力，从而确保图书馆微服务平台不断发展。

（四）智慧图书馆微服务体系建设的动力

要推动智慧城市的发展，就需要不断促进城市服务的自我管理、高度感知和自主服务。智慧城市的实现需要将智慧图书馆作为重要的组成部分。图书馆是文化传播的主要场所，其重要任务在于推动文化之间的交流、继承和创新。智慧图书馆实现了数字化和智能化的图书馆服务，这主要归功于微服务平台。智慧图书馆微服务是一个功能繁多、结构复杂的系统，它的框架构建受诸多因素的影响。微服务体系建设的现状受内外多种因素相互交织的影响，而这些因素也是推动微服务体系建设不断进步的力量。下面笔者将对微服务体系建设内在和外在动力进行探讨，并从不同视角加以阐述。

1.智慧图书馆微服务体系建设的内生动力

（1）图书馆资源

①馆藏资源

在信息时代里，图书馆将发挥越来越重要的作用，这就要求图书馆本身要收集更加丰富的信息资源，如电子与纸质图书资源、报纸期刊等。

在如今这个以智力资源消费为主的时代，图书馆正在持续丰富其所积累的知识资源。如今，越来越多的人借助图书馆联盟来获取丰富的纸质和电子资源。为了提高效率，各个图书馆可合作共享各自的馆藏资源。当用户在图书馆网站上搜索资源时，如果该馆没有用户所需的资源，那么搜索引擎会通过查询盟友库的馆藏资源，以实现优质资源的共享和利用。这种方式可以最大程度帮助用户发挥盟友库的馆藏资源优势。图书馆的服务基础是建立在丰富的馆藏资源之上的。然而，要想让这些资源发挥最大的作用，图书馆必须进行有效的管理，包括资源的分类、检索、线上线下整合等方面。由于用户需求不断增加，因此图书馆不得不加强馆藏资源的建设。为了更有效地管理大量信息资源，图书馆应该建立一个可靠的服务平台，增强微服务系统的可靠性和完整性，以更好地向用户提供高质量的在线图书信息服务。

②图书馆人才资源

人是推动一切创新发展的关键因素，因此，以人为核心的人才管理是实现社会进步的关键。为了跟上信息科技时代的发展和满足用户不断变化的阅读需求，图书馆管理员需要具备战略性思维和管理能力，同时图书馆需要汲取新鲜血液，招收有前瞻性的人才，强化图书馆的后备力量，以适应当下的潮流需求。此外，微服务体系的成功构建还需要素质高并且能够有效运营图书馆微服务平台的运营人员。

（2）馆员自身特质

图书馆微服务体系的建设也会受到馆员个人素质的影响。图书馆馆员需要拥有广泛的素养，其中包括对文化价值的了解和认知、丰富的知识储备，以及具备理解和融合新事物的能力。图书馆要建立以馆员价值观为基础的职业愿景和行为标准，将他们的内在追求具体化。在内在推动力越来越强的情况下，他们对价值的认同也就变得愈加深刻，从而更有效地推动图书馆微服务体系的完善。馆员的专业知识水平、对图书馆现状及未来发展的了解程度等，这些都是他们先前学到的知识结构所能体现的。此外，在信息技术迅猛发展的背景下，图书馆馆员还需了解智慧图书馆的未来发展规划等相关内容。图书馆馆员需要具有良好的科技素养和开放的思维态度，善于接受并理解科技的发展趋势，对科技创新有敏锐的感知力，勇于尝试新事物并迎接新机遇。当管理者具有扎实的知识背景和出色的理解能力时，他们将更专注于推进图书馆微服务技术的发展和推广，这也将有助于他们实现职业目标并充分展现他们在职场上的价值。随着微服务时代的到来和图书馆信息量的迅猛增长，图书馆要求馆员不断加强自身的文化素质，积极争取优秀的管理人才，以适应时代发展的要求。因而，杰出的图书馆馆员需要在图书馆工作领域不断推进智慧图书馆微服务平台的发展。

（3）图书馆融合新技术的程度

传统的图书馆面临着微时代带来的转变。例如，厦门大学率先推出智能预订座位服务，以适应"互联网+"时代的发展，使图书馆更加智能化。用户可进入服务区，在"三微一端"系统中挑选心仪的座位，并设定想要入座的时间，然后完成座位预约；为了提升用户对虚拟图书馆的使用体验，上海图书馆推出了一种仿真 3D 环境模式，借助客户端，用户仿佛置身于真实的图书馆，可以全方位地享受各种服务。高等院校和省级公共图书馆是科技化发展的引领者，这两种图书馆需要积极为教职员工、学生和社会人士提供服务。为了吸引年轻一代的读者和用户，二者可以使用适应年轻人阅读和浏览习惯的方式进行服务。近年来，图书馆越来越重视现代信息技术对生活方式的作用，而公众越来越倾向于过一种简单、舒适、轻松、便捷的生活方式。为了迎合年轻人的生活方式，图书馆需要作出相应的调整。为了与时俱进，图书馆需要采用最新的微服务开发方向来实现其发展目标，因此建立一个有序的微服务体系的任务已迫在眉睫。

2. 智慧图书馆微服务体系建设的外生动力

（1）智慧城市建设

随着"智慧地球"的兴起，城市发展日益关注"智慧城市"的建设。尽管智慧城市在国内发展相对滞后，但是近年来它的发展速度非常快。除此之外，"十三五"规划中特别提出了推进智慧城市建设的目标。我国目前正在致力于实现智慧城市的转型，不仅加强了智慧城市建设的力度，还积极开拓各个垂直领域的应用。除了采取扩大规模的方式实现智慧城市群，我国还采取向下延伸的方式将智慧城市的理念应用于智慧城镇的建设中，并拓展了经营领域，使其覆盖智能支付及智能信息推送等领域。为了推动智慧城市建设，城市图书馆需要采取智能化改革措施，并在这一过程中建立微服务架构。这将成为评估图书馆智能化水平的重要标准。目前，智慧图书馆的微服务生态系统已经全面完善，并且正在稳步成长。智慧城市系统的进步与智慧图书馆微服务框架的建设相互推动，而智慧图书馆的进步也对智慧城市系统的完善起到了促进作用。

（2）信息化进程

一部分人认为，我们当下正身处于第四次工业革命时代，这个时代特点是智能化全面铺开、大数据广泛运用。人们的预期已被信息发展所超越，国际竞争不再仅仅是实力对比，而是涉及科技领域，城市之间甚至不同国家之间的竞争也体现在科技发展水平的指标上。随着信息时代的迅猛发展，传统的图书馆必须紧跟潮流，以保持其竞争优势，要始终坚持"以人为本，读者至上"的服务理念，将现代科技与服务紧密结合。这就需要图书馆在微服务的发展上不断努力，以更好地服务读者，提升其阅读体验，并且要创新服务方式、积极整合各类新型信息服务资源、提升自身的空间再造能力。图书馆正在经历信息化发展所带来的深刻变革，这种改变体现在以下三个方面：一是新的知识服务和服务方式被引入；二是不断扩充了可供利用的知识信息服务资源；三是对图书馆的空间布局进行了重新规划和优化。城市圈内的各行业都受到了信息化进程的广泛影响，尤其是服务行业。如今，各式各样的微服务广泛应用于生活中，如云支付、闪付、在线二手市场等，为人们的生活带来了更多便利。因此，图书馆需要进行内部结构的改革和人员培训的更新，以适应时代的要求，同时也需要将服务变得更加智能化、个性化和现代化。在第四次工业革命中，图书馆面临着新的机遇和挑战。在数字化时代，图书馆需要提高实体服务的质量，同时构建虚拟的在线图书馆服务体系，并加强智慧图书馆微服务系统建设，创造更广阔的智能化服务的新空间。

（3）用户的服务感知

图书馆致力于以读者为中心，旨在为读者提供多种信息服务，以确保他们成为图书馆服务的主要受益者。因此，为了满足用户的需求，图书馆必须不断向前发展。用户感知到的服务体验即用户对微服务的使用体验。读者对智慧图书馆的微服务体系建设有着较为直接的服务感受，他们会评估图书馆所提供的微服务质量，包括服务的方式、形式和内容，以此来客观地评价服务的优缺点。通过听取读者的反馈意见，图书馆可以识别出可能存在的问题，并因此提高服务质量。在以用户为中心的市场经济中，营销市场的成功与否直接取决于用户的反馈意见。尽管现在已经是知识经济时代，用户的角色仍然非常重要，因为他们发挥着至关重要的主导作用。

智慧图书馆微服务体系的用户体验与构建密不可分，因为平台的内容和品质直接关系到服务质量的提升。微服务平台的建设成果将最终通过用户的评价反馈来进行衡量。智能图书馆微服务平台需要经受用户考验，在实现智能化过程中，用户对服务质量的认可是至关重要的。因此，智慧图书馆需要从用户需求的角度出发，建立一个完整的微服务体系，以应对不同用户的感知差异。

总而言之，智慧图书馆微服务的发展会受到内外部不同方面因素的影响，并在服务的策划者和使用者的共同引领下，最终形成一个蓬勃发展的体系。为了打造一个完整的智慧图书馆微服务体系，智慧图书馆服务者应该充分利用现代科技，积极推动图书馆服务智能化，并不断拓展微服务的服务领域，在提高服务质量的同时不断提升服务水平。另外，用户应主动提供反馈信息，以促进管理者完善微服务体系的构建，从而提高用户的服务体验。

第二节 智慧图书馆服务实例

通过先进的混合模式，智慧图书馆采用了最新的技术，如物联网、云计算、大数据和无线移动通信，配备智能设备，不断提高空间环境、硬件设施和资源建设的水平。通过整合馆员、读者、文献、设备和建筑之间的信息，智慧图书馆实现了数据的感知、分析和应用。智慧图书馆通过为读者提供自助、智能和完全开放的服务，能够促进馆藏文献资源和馆舍资源的充分利用和发挥。读者服务效率与满意度达到最高，充分发挥出图书馆为教学、科研服务的支撑作用。各大图书馆的物理建设和服务都朝着智能化的方向发展，下面围绕图书馆的建设案例进行具体阐述。

一、物理空间中的智能化

图书馆能够为用户提供一个场所空间，方便人们进行学习、撰写作品以及开展科学研究、创造性工作。要想维持图书馆的高品质环境，就必须采用最佳方式来最大程度利用有限的空间资源，这也是建设图书馆时必须完成的重要任务之一。为了满足读者多样化的需求，实体图书馆需要采用推陈出新的服务模式，并充分利用可用的空间优势。在这种情况下，空间资源变得非常重要，因为它可以满足读者不断变化的需求。通过整合物联网、移动服务、大数据等先进技术，智慧图书馆可以为读者提供极为方便的阅读体验。读者可以随时随地根据个人意愿，利用图书馆的资源和人性化的阅读环境，享受阅读所带来的乐趣。

（一）河北北方学院 24 小时智能图书馆

河北北方学院 24 小时智能图书馆是图书馆先进管理理念与现代科学技术相结合的产物。其以自动化管理系统为依托，以自助图书馆管理系统为重点，通过调整馆藏布局、完善服务功能、优化服务流程，实现资源管理智能化、服务方式便捷化、读者服务自助化。其 24 小时智能图书馆具有以下六个特点。

第一，它是一个读者可以全面感知、个性互动以及立体互联、灵敏便捷、节能低碳、无线泛在的图书馆。

第二，智慧图书馆安全监控设备根据环境需要进行隐藏式设计，营造人性化的阅读环境，与图书馆的环境完全匹配。

第三，安全门禁能够在 10 毫秒以内读取到图书借阅情况信息并通过移动门自动开闭来进行读者借阅管理，所借图书在不修改 EAS（电子商品防盗系统）防盗位的状态下，电子标签只读不写，从而简化工作流程，提升操作效率及准确率，有效地提高智慧图书馆的安全性。

第四，将智能电子标签 UHF RFID（超高频射频识别技术）设计成专用于书籍的标签，隐蔽性好，和磁条一样粘贴在两页纸之间，并且不受原先贴在书中的磁条干扰，保证足够的识别效率和足够长的使用寿命。其防盗性能和磁条比传统磁条更薄、更短。

第五，标签只储存条码号和分拣类别号（便于分拣）；校园一卡通只储存读者条码号，确保隐私性。此方案最大优势是可以保证识别系统能在最短的时间（5～20 毫秒）内对没借出或夹带的书本发出警报，从而确保智能图书馆的安全。

第六，在图书上保留原有条形码，既可以作为标签 ID 的备份，又可以通过智能手机识别条码进行借阅书籍。

智慧图书馆的读者服务工作实现了全开放、诚信、自助、24 小时无中断的优质服务。智慧图书馆的使用率随着读者的逐渐熟悉而日益提高，这表明读者对于自助图书馆的接受程度和使用频率总体上是可观的，图书馆服务效果与服务质量大幅度提升，未来智慧图书馆可将自助图书馆作为重点项目实施。

24 小时智能图书馆的发展方向为充分利用各种新技术，实现多种信息互联、互通，从而在图书馆管理中将图书借阅、座位预约、安全监控等操作进行智能化管理，进而形成智慧图书馆。

（二）深圳市盐田区图书馆

在我国的深圳市盐田区，一家实体智慧图书馆于2016年投入使用，这是国内首个实体智慧图书馆。当用户踏入图书馆时，会被一股现代感十足的海洋氛围所包围。整个图书馆空间以蓝色为主调，能够让用户仿佛置身于蔚蓝的海洋中。天花板采用透光软膜印制成星空图案，让人仿佛置身于星空下；墙面则展示出闪烁的海浪曲线，让用户如同置身于海边一般；一个光柱形的物体从天花板落下，看起来像是一颗流星；地面上的交互式投影效果让人感觉仿佛置身于流动的海洋世界，又仿佛飘浮于广阔无垠的知识星空之中。

除了配备智能化的硬件设备，盐田区图书馆还将智能化服务拓展至每位读者，并采用软件技术加以实现。在图书馆推介的几个应用程序中，有一些是为移动设备而开发的服务应用程序，包括"Touch无限"和"激活"等。"Touch无限"是一个面向读者的移动应用，它的目标是为用户带来方便的图书馆互联互通服务。无论用户身在何处，都可以利用手机应用程序轻松获取服务，无须受到时间和地点的限制。"激活"是一款移动管理应用，旨在帮助图书馆馆员更便捷、高效地管理业务，提升服务水平；旨在简化图书馆管理，并实现操作的移动化。该软件使管理员能够随时远程监控图书馆的运营状况。

二、图书馆中的人工智能

我们可设想人工智能带来的技术产品将开创革命的时代。将来智慧图书馆与人工智能设备结合，不仅解决的是图书馆工作效率的问题，而且其他专业的人员也可与智能机器人互动，从而提升自身的专业知识和思维能力。

（一）新加坡图书馆试用机器人管理员

人工智能为人类带来便利，其运用到图书馆中可减轻图书馆馆员的工作负担，优化图书馆环境。新加坡图书馆试用机器人管理员，能够扫描书架并报告丢失书籍，从而减少图书馆管理人员的工作量。相关研究人员研发了一种自主机器人——AuRoSS，在新加坡图书馆进行试运行。AuRoSS可以利用激光器在夜间扫描图书馆的书架，并创建一份有关遗失图书或未正确放置图书的清单。在第二天早晨，根据其创建的名单，图书馆员工可以整理各自负责的图书区域，从而大幅度节省工作时间。AuRoss机器人利用激光和超声波扫描技术来对书架进行检测，目前已在新加坡数个图书馆内试用，报告准确率高达99%，并且这种技术可以广泛应用于仓库及零售商店，有效节省员工的工作时间。

（二）图书馆咨询机器人

对现有的图书馆参考咨询系统进行技术升级，开发图书馆智能化机器人，实现全天候自动实时咨询服务。图书馆咨询机器人一般包括常见问题自动回答子系统、人工处理问题子系统、图书馆资源检索子系统3个部分。有些图书馆将三个子系统嵌入移动图书馆App或微信公众号上，方便用户随时使用。这三个子系统的有机结合，可以把图书馆馆员从重复、简单的工作中解脱出来，系统自动发掘用户常问问题，形成题集，辅助图书馆馆员回答用户问题。

三、图书馆移动服务

计算机技术、互联网技术和通信技术的发展让图书馆移动服务成为现实。图书馆移动服务的方式从短信推送到手机WAP网页再到手机App软件下载；服务载体从2G手机、3G手机到4G手机、5G手机、平板电脑等，用户随时随地可登录图书馆网站或移动图书馆客户端检索图书馆数字资源。智慧图书馆广联互通的特点，使其能够实现IPTV（互联网协议电视技术）和手持移动设备之间的无缝对接。移动网络和计算机设备的不断发展，使用户随时随地检索、浏览文献资源成为可能，用户不再满足只在图书馆实体空间中检索阅读资料。

（一）移动图书馆

借助4G、5G智能手机或其他阅读器，用户可浏览数字图书馆网页或下载移动图书馆客户端。移动图书馆具有以下三个特点：第一，馆内外均可使用，任何时间、任何地点通过任何方式（手机、电脑、平板等）均可访问移动数字图书馆；第二，移动图书馆与用户的借阅卡号绑定，即可实现个性图书馆的构建；第三，移动图书馆中资源丰富，涉及图书、期刊、报纸、新闻资讯、视频等，大多数移动图书馆提供文本格式的阅读资源。其中上海图书馆提供的电子图书种类达21万种，使用超星移动图书馆系统的图书馆均可使用3万册EPUB文本格式电子图书、400种报纸、10000集有声读物、20000部视频[①]。

[①] 蔡苏、黄荣怀：《服务是数字校园新的需求》，《中小学信息技术教育》2009年第11期，第59—60页。

（二）微信公众号

微信是当下运用较为广泛的新媒体互动通信平台，微信公众平台可以依据用户自身的需求来开发相应的服务模块、编辑信息和采集信息，进行定制化的服务。各大图书馆在移动阅读服务建设的过程中，正是看到了微信公众号的便捷性，纷纷建立了图书馆微信公众号，并将图书馆数字资源、图书馆相关服务纳入其中，具体有以下五个方面的内容。

第一，整合图书馆馆目查询和数字资源检索渠道，让师生更便捷地获取图书馆的信息资源，同时可进行书目检索，图书预约、续借和到期查询。

第二，微信平台可发布资源推介公告信息和讲座信息。微信平台上可发布最新采购的图书、数据库资源、试用资源等信息，告知读者使用；还可对图书馆的近期活动进行推广宣传，如数字资源检索与使用讲座、读书月相关活动等公告信息，同时对已开展的活动及时发布现场视频、图像、文字总结等，可让未参与人员享受活动带来的信息知识。

第三，有的高校图书馆发布座位预约功能块，师生可提前预约自习座位，在规定时间到图书馆微服务站进行确认，即可在预约座位自习。这一功能使图书馆空间得到极大利用，避免了占座现象。

第四，参考咨询与互动服务。微信平台可与用户进行互动活动，对图书馆资源建设和使用、服务有疑问的用户可进行咨询和意见反馈。收集用户意见和咨询问题成为图书馆服务的信息采集渠道，从中可了解用户需求，优化服务质量。另外，对常见问题可发布常见问题题集，或在平台上进行相关主题发布。

第五，其他创新服务，如课表查询、线下图书直接互借、扫描二维码直接借阅等。

（三）超星云舟

超星集团有限公司开发的云舟域空间知识服务系统，集空间、工具、平台、资源、服务于一体，是图书馆虚拟空间、移动服务的前沿探索。云舟域空间知识服务系统有以下四个特点。

1. 新的信息组织单元——域

云舟打破传统期刊的模式，将其进行重组，以"域"为单元组织信息资源。"域"可按读者需求进行内容更新，其载入信息类型包括文本、图片、音视频，轻松实现资源的结构化、富媒体化。

2. 便捷的专题建设工具

作者可在线编辑文本、图片、链接等，同时可添加整本图书、编辑图书内页、剪辑音视频，以及已建专题的资源插入等，轻松实现富媒体效果。

3. 虚拟空间

用户在获取图书馆的资源和服务的同时，可把用户自己的阅读感悟、学习记录、创作作品等资源分享给大家。

4. 全终端学术交流平台

支持 PC 端及移动设备端等多终端交流方式，读者按区域建立不同学术小组，形成学习者与他人协作和交流的互动关系。移动客户端可在移动设备随时订阅专题、查看专题、管理"我的书房"、记笔记等。

图书馆的移动服务，通过相应的接口开发，利用数字图书馆和移动手持设备的交互，实现两者的互联。用户随时随地借助相关设备，可对图书馆资源进行移动阅读并享受图书查询、预约、续借，建立虚拟学习空间等服务。这种创新服务加强了图书馆在用户心中的地位，增强了用户对图书馆的依赖度。随着计算机和通信网络技术的发展，未来图书馆的移动阅读服务和虚拟空间服务会不断提升，会开创出更多的服务项目，满足用户的科研、娱乐需求。

四、虚拟空间的智能化

虚拟空间的扩展将图书馆服务空间再扩大、服务再延伸。如何向虚拟服务模式转型，让图书馆的在线环境由用户定制、成为图书馆内外用户访问、研究、上网和学习的中心，这成为智慧图书馆需要解决的难题。虚拟空间的构建使用户可在任何时间、任何地点登录图书馆网站，进行数字资源的检索阅读。同时，为了不断满足用户的检索需求，各类型图书馆纷纷尝试运用一站式浏览与跨库检索、资源整合与集成、知识元链接等技术，发布了远程访问、资源整合渠道，以满足用户需求。下面围绕虚拟空间的建设、资源整合渠道进行相关介绍。

（一）资源发现渠道

有效地整合实体资源和数字资源、改善用户的搜索和阅读体验，才是图书馆体现其价值、保持其吸引力的关键所在。许多用户开始使用各种工具和方法在图书馆以外完成搜索。智慧图书馆要确保读者能够方便、有效地发现和访问有关图书馆资源，智慧图书馆要突破各种信息屏障，构建连接实体资源和数字资源的各种服务,这才是其保持活力的有效途径。为了强化检索服务效果,各体系图书馆纷纷做出了努力,支持用户采用新的技术和工作方法进行实体资源和数字资源的获取,提升读者对所需资源的访问能力。

1. 快速找寻图书

用户在书库中寻找图书需要经过一个烦琐的过程。第一,在借阅系统中找到图书的条目;第二,记住此图书的位置信息和编目号码;第三,用户需要找到书库的电子地图或者实体地图去找到所需图书。LOL 通过整合书库 3D 影像映射找书的环境,从而精简了这一过程。

2. 远程访问图书馆数字资源

高校图书馆、专业图书馆的数字资源具有开放性和专用性,即所有数字资源可为广大用户使用。由于高校图书馆和专业图书馆的用户存在地域分散、多校区的情况,因此如何实现网络互连,实现内网图书馆数字资源的共享,成为智慧图书馆需要解决的问题之一。高校图书馆、专业图书馆大多使用 VPN(虚拟专用网络)、易瑞授权访问系统或自主开发的远程访问程序,帮助用户在图书馆外获取图书馆数字资源。

(1)虚拟专用网络

虚拟专用网络(VPN)属于远程访问技术,简单地说就是利用公用网络架设专用网络,进行加密通信。目前,较多的高校图书馆通过 VPN 建立虚拟专用网络,用户通过账号、密码登录(身份认证技术)即可检索馆内资源,保证了资源的专用性。VPN 还通过隧道技术、密钥管理技术、加解密技术来保证数据在公共互联网传输时的私密性和安全性,因此非常适合高校图书馆和专业图书馆客户的远程访问设置。由于 VPN 的安全性高、运营成本低且易于管理,因此近年来它在高校图书馆远程访问中得到广泛应用,有效地解决了图书馆资源的远程访问问题,提高了资源的利用率。

(2)易瑞授权访问系统

易瑞授权访问系统(IRAS Authorized Access System),采用 Java NIO 异步式架构,基于云模式的 Web OS 管理平台,以流式重写与端口映射的方式,实现公共图书馆、高校图书馆和专业图书馆的电子资源可在馆外远程登录访问。其功能特点如下。

第一,可在任意浏览器直接使用,无须安装插件及客户端。

第二,其呈现界面简洁明了,将图书馆购买数字资源分门别类地以导航模式出现,便于读者直接找到检索目标。

第三，教育网、公网等多重网络接入，解决跨网访问问题。

第四，云模式的平台管理，可以与图书馆系统、一卡通系统无缝链接，实现用户数据快速导入。

第五，增加数据监控、馆读互动功能，可实现用户访问的后台监控，可防止用户恶意下载；同时可对用户访问行为、资源利用情况进行统计。

第六，Windows、Linux、Unix 平台均支持。

3.资源导航类

现在各图书馆都在整合发现信息资源，其中一个重要的途径就是构建搜索平台，帮助用户快速识别、定位、使用数字资源和实体资源，其中最流行的就是一站式检索平台、各类型资源检索平台等。

在 2012 年 8 月，哈佛大学图书馆为了增强资源导航能力，启用了一个名为"Library Portal"的新门户。这个新门户给哈佛大学图书馆的用户带来了新体验。哈佛大学图书馆最新推出的门户网站非常方便易用，其界面设计简洁大方；中央区域设有一个通用的搜索框，用户可以轻松地搜索哈佛大学图书馆的书籍记录、自建机构库、数字资源购买记录、免费开放存取资源、常春藤高校图书馆联盟及其他公共目录。此外，用户可以从 34 个多样的文献种类中，挑选出符合需求的内容，这些种类包括但不限于书籍目录、学术论文、期刊、电子资源、新闻、历史档案、图像和学位论文等。

馆藏资料是图书馆的重要资源之一，哈佛大学图书馆致力于最大化利用这些资源，并通过完善哈佛大学在线图书馆信息系统搜索体系，整合传统资源和数字资源，为用户提供检索服务。除此之外，他们还为各种研究领域的人员整理文献资源，并提供有针对性的专题研究导引。同时，它为方便用户利用资源，针对各专业图书馆馆藏数据特点，开发出多种信息检索系统，这已经成为哈佛大学图书馆一项必不可少的服务。

（二）美国国会图书馆为特殊馆藏推出新版信息检索系统

在 2010 年，美国国会图书馆推出了一个信息检索系统，旨在帮助用户更加便捷地检索其特殊馆藏。这个工具能够轻松实现对超过三千两百万条档案信息的分块检索，方便远程和当地的研究人员使用。这些资料涉及手写文件、音乐作品、美国本土文化、出版物、照片、电影、广播节目及录音等多个领域以及其他研究中心的资源。此外，这些工具还能协助研究人员准确找到他们最感兴趣的初始数据的位置。

该检索系统能够帮助用户快速地检索和浏览所需信息，同时使得这个过程变得更加简单易懂。该检索系统能够对资源的各个方面进行描述，从而概括该材料的整体内容。另外，它还能详细说明个人和组织的信息，并明确说明这些信息的可访问或可复制性质，同时能够提供数字链接，以便用户查看相关内容。该检索系统拥有的搜索引擎关键字系统非常先进，能够帮助用户准确地从文献内容中定位检索结果，让用户能够获得更符合实际需求的相关搜索结果。该系统中几乎每个界面都配备了信息检索功能，使得用户可以更加容易地实现精确检索，同时也避免了需要返回检索界面进行检索的情况。

为了帮助研究人员远程获得需要的图书馆珍藏资源，该系统会清晰地标注这些资源的存放地点和任何访问限制。为了让用户将检索助手添加到参考引文数据库中，信息检索系统采取了元标签隐藏显示内容的方式。另外，该系统还允许用户获取和打印PDF文件，以便使复杂和长篇幅的文档更容易被用户阅读。

国会图书馆的"信息检索助手"使用国际通用的文档编码描述标准编写，这个标准是由美国国会图书馆和美国档案工作者协会共同维护的。在前台设备和后台资源实现有机结合的情况下，所创造出来的空间可以解决不同用户的多种需求，使得图书馆技术手段更加多元、设备的应用更加丰富，从而进一步优化广大用户的阅读体验。

参考文献

[1] 杨鹃:《高校智慧图书馆建设与应用研究》,西北农林科技大学出版社 2020 年版。

[2] 郑如冰:《智慧图书馆建设》,吉林科学技术出版社 2019 年版。

[3] 周伟:《智慧图书馆理论与实践》,吉林文史出版社 2019 年版。

[4] 周玉英、王远:《5G 环境下智慧图书馆的服务研究》,北京燕山出版社 2022 年版。

[5] 王春梅、杨红岩、张广伟:《智慧图书馆的发展与技术应用研究》,北方文艺出版社 2022 年版。

[6] 唐燕、王娟、申峰:《智慧图书馆建设与服务创新》,黑龙江美术出版社 2020 年版。

[7] 朱白:《智慧图书馆理论与实践创新》,西北农林科技大学出版社 2019 年版。

[8] 温兰:《高校智慧图书馆建设研究》,吉林科学技术出版社 2019 年版。

[9] 翟秀凤、申倩倩、姜琦:《智慧图书馆构建与服务体系创新》,吉林文史出版社 2020 年版。

[10] 刘路:《智慧图书馆大数据与服务创新研究》,哈尔滨出版社 2020 年版。

[11] 曹瑞琴:《高校图书馆学科服务与智慧化建设》,吉林出版集团股份有限公司 2020 年版。

[12] 李艳红:《智慧图书馆优化服务策略研究》,吉林文史出版社 2019 年版。

[13] 吴博:《智慧图书馆信息资源建设研究》,吉林人民出版社 2018 年版。

[14] 于文彬:《公共图书馆智慧服务研究》,北方文艺出版社 2020 年版。

[15] 蓝开强:《高校图书馆建设发展与智慧服务创新研究》,汕头大学出版社 2022 年版。

[16] 李晓玲、王一丹、赵勇宏:《高校图书馆智慧化管理与服务体系构建》,吉林大学出版社 2022 年版。

[17] 张素娟、张睿、李晶晶:《智慧校园环境下图书馆创新服务与变革》,东

北林业大学出版社 2021 年版。

[18] 高红霞:《"互联网+"时代高校图书馆智慧化建设研究》,辽海出版社 2019 年版。

[19] 李耀华:《创新公共服务空间湖北省图书馆"智慧型图书馆"模式研究》,国家图书馆出版社 2017 年版。

[20] 李青燕:《新时期智慧图书馆建设研究》,远方出版社 2022 年版。

[21]《智慧图书馆探索与实践》编委会:《智慧图书馆探索与实践》,国家图书馆出版社 2021 年版。

[22] 鞠晶:《高校智慧图书馆服务创新》,吉林出版集团股份有限公司 2022 年版。

[23] 傅春平:《公共图书馆智慧服务的探索与实践》,世界图书出版广东有限公司 2020 年版。

[24] 刘旭晖:《高校图书馆智慧化学科服务研究与应用》,中国原子能出版社 2020 年版。

[25] 胡雅凌:《大数据挖掘下的图书馆智慧服务》,北京工业大学出版社 2018 年版。

[26] 吴爱芝:《大数据时代高校图书馆智慧化学科服务研究》,海洋出版社 2018 年版。

[27] 张恺、王承冠:《基于人工智能的公共图书馆智慧服务探索》,《无线互联科技》2022 年第 21 期。

[28] 王春霞:《新时期高校智慧图书馆建设的思考》,《传媒论坛》2022 年第 21 期。

[29] 刘晓婷、杨超、赵宇鹏:《基于用户画像的高校图书馆精准服务探析》,《江苏科技信息》2022 年第 31 期。

[30] 于欢、孙青、易静,等:《基于大数据技术的高校图书馆智慧服务模式研究》,《江苏科技信息》2022 年第 31 期。

[31] 周笑盈:《我国智慧图书馆体系下的知识资源建设:内涵、路径和策略分析》,《图书馆理论与实践》2022 年第 6 期。

[32] 郑巧:《高职院校智慧图书馆的特点及建设路径》,《科技资讯》2022 年第 22 期。

[33] 刘泽、邵波、王怡:《数据驱动下图书馆智慧参考咨询服务模式研究》,《情报理论与实践》2023 年第 5 期。

[34] 王学光、马爱芝:《探讨基于物联网的智慧图书馆服务架构设计和实现》,《文化创新比较研究》2022年第31期。

[35] 杨明秋:《高校图书馆智慧服务策略分析》,《长春大学学报》2022年第10期。

[36] 景爱霞、余昭芬、黄双林:《大数据时代高校图书馆精准服务探究——以湖北民族大学为例》,《江苏科技信息》2022年第30期。

[37] 钟戈、高大勇:《图书馆智慧知识服务数据治理模式研究》,《图书馆学刊》2022年第10期。

[38] 王弩:《图书馆开展智慧情报服务的思考——以国家图书馆信息参考服务为例》,《图书情报导刊》2022年第10期。

[39] 赵霞:《智慧图书馆场景中的人脸识别技术——以昆明医科大学图书馆为例》,《现代信息科技》2022年第20期。

[40] 张兴龙:《应用技术大学智慧图书馆建设的路径与策略探索》,《江苏科技信息》2022年第29期。

[41] 杨晓冬:《应用型高校智慧图书馆知识服务策略探析》,《三明学院学报》2022年第5期。

[42] 司聿宣、杨敬波:《智慧图书馆建设策略研究》,《内蒙古科技与经济》2022年第19期。

[43] 李佳蔚:《"互联网+"模式下高校图书馆智慧阅读服务策略》,《技术与市场》2022年第10期。

[44] 周肃宁、王超:《大数据下智慧图书馆大服务研究》,《辽宁工业大学学报(社会科学版)》2022年第5期。

[45] 张阳:《智慧图书馆大数据可视化服务与实践——以武汉纺织大学图书馆为例》,《武汉纺织大学学报》2022年第5期。

[46] 陈燕琳:《公共图书馆智慧资源建设与服务模式研究》,《河南图书馆学刊》2022年第10期。

[47] 申晓娟、邱奉捷、杨凡:《智慧图书馆标准体系的构建》,《中国图书馆学报》2023年第3期。

[48] 乔幸娟、崔明:《物联网和"云计算"技术下智慧图书馆的构建研究》,《江苏科技信息》2022年第28期。

[49] 马雪飞:《智慧图书馆管理与服务机制分析》,《国际公关》2022年第28期。

[50] 梁一丹:《智慧图书馆赋能应用型人才培养研究》,《河南图书馆学刊》2022年第9期。

[51] 彭峰、党洪莉、柳甜,等:《国内智慧图书馆大数据平台对比研究及启示》,《大学图书情报学刊》2022年第5期。

[52] 程光胜:《基于"大数据+小数据"的智慧图书馆用户精准画像模型构建》,《图书馆理论与实践》2022年第5期。

[53] 舒晋瑜:《智慧图书馆:全媒体阅读时代的文化粮仓》,《中华读书报》2022年11月16日第8版。

[54] 谭志红:《迈向"阅读之城""智慧图书馆之城"》,《中国文化报》2022年11月8日第6版。

[55] 黄艳、郝晓雯:《推进智慧校园建设 构建发展新生态》,《中国信息化周报》2021年11月22日第16版。

[56] 李秀红、吴怡霏:《业务集中 "一扇门"智慧服务更便捷》,《成都日报》2021年11月2日第8版。

[57] 叶梓:《打造蕴聚文化内涵的智慧图书馆》,《新华书目报》2017年9月22日第5版。

[58] 武汉触发科技:《智慧图书馆:数字化时代的阅读新体验》(https://baijiahao.baidu.com/s?id=1760669788083002663&wfr=spider&for=pc)。

[59] 民权文旅:《走进数字时代,智慧图书馆怎么建?这里有四川省"图书馆们"的答案》(https://mp.weixin.qq.com/s?__biz=MzIzODczMDkxMA==&mid=2247492536&idx=4&sn=959af9ce5cff745ec045c91541979761&chksm=e9364849de41c15fc165dd726803b41bf5066040c717ac059ce11f28ee2221ac5ef7dde7cde5&scene=27)。

[60] 爱生活的大王:《什么是智慧图书馆?智慧图书馆建设方案,建设一个智慧化图书馆都需要什么》(https://www.sohu.com/a/533899018_121359432)。

[61] AI TIME论道:《AI赋能智慧图书馆,能否出现真正的书天堂》(https://www.cn-healthcare.com/articlewm/20210131/content-1186167.html)。

[62] 晴儿:《智慧图书馆建设方案》(http://www.airkeep.cn/a/case/zhihuijianshefangan/356.html)。

[63] Xu T, Guo Y, Wu L, "Research on the Application of Artificial Intelligence in the Construction of University Intelligent Library", *Journal of Artificial*

Intelligence Practice, 2022.

[64] Kai X, "Intelligent Library Service and Management Based on IoT Assistance and Text Recommendation", *Journal of Sensors*, 2022.

[65] Chi Hailing, "Retraction Note to: The Characteristics of Rainfall in Coastal Areas and the Intelligent Library Book Push System Oriented to the Internet of Things", *Arabian Journal of Geosciences*, 2021.

[66] Chunjuan N, "Research on the Function of Intelligent Service Platform of Library Based on Computer", *Journal of Physics:Conference Series*, 2021.

[67] Min L, Yumeng Z, Gang L, et al, "Intelligent Library Architecture Based on Edge Computing", *Journal of Physics:Conference Series*, 2021.

[68] Xie C, Varatharajan R, "Research on Classification and Identification of Library Based on Artificial Intelligence", *Journal of Intelligent & Fuzzy Systems*, 2021.

[69] Xu C G, "System of Intelligent Library Retrieval Based on Data Mining", *Applied Mechanics and Materials*, 2014.

[70] Hongyan S, "Design of the Online Platform of Intelligent Library Based on Machine Learning and Image Recognition", *Microprocessors and Microsystems*, 2021.

[71] Liu J, "Construction of Intelligent Library Service System from the Perspective of Artificial Intelligence", *International Journal of Frontiers in Sociology*, 2021.

[72] Orhan Y, Fatih E, Turker T, et al, "Automated UHF RFID-based Book Positioning and Monitoring Method in Smart Libraries", *IET Smart Cities*, 2020.

[73] Xu L, "The Internet of Things Technology Application and the Intelligent Library", *Applied Mechanics and Materials*, 2014.

[74] Asemi A, Ko A, Nowkarizi M, "Intelligent Libraries: A Review on Expert Systems, Artificial Intelligence, and Robot", *Library Hi Tech*, 2020.

[75] Davis K, "A Review of Library 3.0 : Intelligent Libraries and Apomediation", *Journal of Web Librarianship*, 2015.

[76] Noh Y, "Imagining Library 4.0: Creating a Model for Future Libraries", *The Journal of Academic Librarianship*, 2015.

[77] Sun H, "Research on Interest Reading Recommendation Method of Intelligent Library Based on Big Data Technology", *Web Intelligence*, 2020.

[78] Yu K, Huang G, "Exploring Consumers' Intent to Use Smart Libraries with Technology Acceptance Model", *The Electronic Library*, 2020.

[79] Bin Z, Yuping Z, Shengjun Z, et al, "Design and Implementation of University Intelligent Library Based on Cloud Computing", *Journal of Physics: Conference Series*, 2020.

[80] Greenhalgh M, "Intelligent Interaction Design of Library Based on Artificial Intelligence", *Computer Informatization and Mechanical System*, 2020.

[81] Yang L, "Investigating Users' Willingness of Acceptance for Background Music Service in Intelligent Library", *Library Hi Tech*, 2019.

[82] Zhou D, "Intelligent Library System Based on RFID Technology", *Journal of Physics:Conference Series*, 2019.

[83] Cox M A, Pinfield S, Rutter S, "The Intelligent Library: Thought Leaders' Views on the Likely Impact of Artificial Intelligence on Academic Libraries", *Library Hi Tech*, 2019.

[84] Yujie G, "Intelligent Library Knowledge Innovation Service System Based on Multimedia Technology", *Personal and Ubiquitous Computing*, 2019.

[85] Kajiwara Y, Kimura H, Shimauchi T, "Developing an Intelligent Library Gate to Detect Unauthorized Borrowing and to Minimize Electrical Power Consumption", *Studies in Science and Technology*, 2018.

[86] Yuping G, "Implementation of an Intelligent Library System Based on WSN and RFID", *International Journal of Online Engineering*, 2018.

[87] Helen A, Andrea M E, "User Engagement Analytics Case Study : How Customer Behaviour Can Drive Intelligent Library Decision Making", *Insights the UKSG journal*, 2017.